INSTRUCTION

QUE
LE ROI A FAIT EXPÉDIER

POUR

RÉGLER PROVISOIREMENT
L'EXERCICE

DES

TROUPES-LEGÈRES.

Du 1.er Mai 1769.

A PARIS,
DE L'IMPRIMERIE ROYALE.

M. DCCLXIX.

TABLE

DES TITRES, CHAPITRES ET ARTICLES
Contenus dans cette Instruction.

TITRE 13.

INSTRUCTION

Que LE ROI a fait expédier pour régler provisoirement l'Exercice de ses Troupes - légères.

Du 1.er Mai 1769.

SA MAJESTÉ voulant que ses Légions de Troupes-légères soient instruites & exercées sur des principes uniformes, Elle a fait dresser la présente Instruction, pour régler provisoirement les différens Exercices & les Manœuvres des Troupes à pied & à cheval qui composent lesdites légions; son intention étant que cette Instruction soit ponctuellement suivie jusqu'à ce qu'Elle juge à propos de rendre l'Ordonnance qui l'arrêtera définitivement.

A

TITRE I.er

De l'Armement & Équipement.

CHAPITRE I.er

INFANTERIE.

LES Officiers de l'Infanterie des Légions, seront armés d'un fusil, d'une baïonnette, d'une épée, & seront équipés d'une giberne.

Les Fourriers, Sergens, Caporaux & Appointés, seront armés d'un fusil, d'une baïonnette, d'un sabre, & seront équipés d'une giberne.

Les Grenadiers seront armés & équipés de même que les bas Officiers.

Les Fusiliers seront armés d'un fusil, d'une baïonnette, & seront aussi équipés d'une giberne.

Les Tambours seront armés d'un sabre.

Les Officiers supérieurs & Officiers-majors qui marcheront avec l'Infanterie, seront armés d'une épée, & porteront un hausse-col, ainsi que tous les Officiers de l'Infanterie.

Tous les Officiers de l'Infanterie, bas Officiers, Grenadiers & Fusiliers, étant sous les armes, porteront le ceinturon sur la veste.

CHAPITRE 2.

DRAGONS.

LES Officiers, Fourriers & Maréchaux-des-logis de Dragons des Légions, seront armés d'un sabre & d'une paire de pistolets.

Les Brigadiers & Dragons seront armés d'un mousqueton, d'un sabre & d'une paire de pistolets.

Les Tambours de Dragons, feront armés d'un fabre &
d'un piftolet.

Tous les Officiers, bas Officiers & Dragons, porteront
le fabre à la ceinture, le fabre tombant vers le milieu de
la cuiffe, & de manière que le pommeau ne foit pas plus
élevé que la croffe du piftolet, afin de pouvoir agir
librement de la main de la bride; mais lorfqu'on prendra
les armes à pied, les Officiers, bas Officiers & Dragons,
porteront le fabre à la grenadière, réjetant la garde derrière le dos.

Toutes les parties de l'armement & de l'équipement
des Officiers, bas Officiers, Soldats & Dragons, feront
conformes aux modèles qui feront envoyés à chaque
Légion.

Les Officiers de Dragons, feront montés fur des chevaux ayant tous leurs crins, de la taille de huit à neuf
pouces, & de tournure convenable.

Il fera permis au Colonel, au Colonel-commandant,
au Lieutenant-colonel, au Major, & à tous les Officiers-
majors des Dragons feulement, d'avoir des chevaux à
courte queue; mais les Officiers fupérieurs auront néanmoins un cheval à tous crins, pour les revues d'honneur.

TITRE 2.

Obligations des Officiers & bas Officiers.

CHAPITRE 1.er

DRAGONS.

Tous les Officiers de Dragons des Légions, depuis le
Colonel jufqu'au Sous-lieutenant, feront tenus de favoir
exécuter généralement tout ce qui a rapport aux différens
maniemens des armes à pied & à cheval, afin de pouvoir
en inftruire leur troupe.

Il y aura dans chaque place ou quartier où il y aura une Légion, un lieu deſtiné pour un manège couvert, où les Officiers, bas Officiers & Dragons ſeront inſtruits des principes de l'Équitation.

Le Commandant de chaque corps donnera ſes ordres pour l'arrangement de ce travail; & pour qu'il en réſulte les progrès les plus rapides, il en chargera les Officiers & bas Officiers qu'il croira les plus propres à remplir ces fonctions, leſquels apporteront tous leurs ſoins pour concourir à l'uniformité, & en général au bien du ſervice.

Les Officiers-majors qui ne ſeront point employés aux inſtructions d'Équitation, ſeront chargés de veiller à la diſcipline des Exercices des différens eſcadrons; & en rendront compte au Major, qui répondra lui-même des exercices de tout le Corps au Colonel, & en ſon abſence au Lieutenant-colonel.

C H A P I T R E 2.

INFANTERIE.

Tous les Officiers de l'Infanterie des Légions, ſeront pareillement tenus de ſavoir exécuter le maniement des armes qui leur eſt particulier, celui du Soldat, la marche & ſes différens pas, les évolutions, les différentes manœuvres & l'exécution des feux, pour être en état d'inſtruire & de commander leur troupe.

Le Major exercera les Officiers juſqu'à ce qu'ils ſoient parfaitement inſtruits; les Aides-major & Sous-aides-major aideront le Major dans ces inſtructions, & veilleront aux exercices de leur bataillon : ils en rendront compte au Major, & celui-ci au Commandant du corps.

Le Commandant donnera ſes ordres pour que les bas Officiers ſoient exercés & examinés par les Capitaines ou autres Officiers toutes les fois qu'il le jugera néceſſaire, afin de s'aſſurer qu'ils ſoient toujours en état de veiller à l'inſtruction des Soldats.

Il sera de plus établi dans chaque Légion, une école de commandement, pour apprendre à tous les Officiers & bas Officiers à commander d'un ton ferme & bref; cette école sera tenue par l'un des Officiers-majors que le Commandant jugera le plus propre à cette instruction, & elle aura lieu jusqu'à ce que tous les Officiers & bas Officiers soient parvenus à commander d'un même ton, autant que cela sera possible.

SA MAJESTÉ compte assez sur le zèle des Commandans desdits corps, pour être assurée qu'ils apporteront toute leur attention à ces différentes instructions, & qu'ils ne souffriront aucune négligence à cet égard.

Veut en conséquence Sa Majesté, que les Officiers généraux chargés de faire les revues d'inspection de ses Légions, fassent lors desdites revues, un examen du travail, des progrès ou de la négligence de chaque Officier en particulier, & qu'ils en rendent compte au Secrétaire d'État ayant le département de la guerre.

Dorénavant aucun sujet proposé pour être Officier, à l'exception toutefois de ceux qui auroient précédemment servi en ladite qualité, ne pourra être reçu à l'emploi auquel il aura été nommé, qu'après avoir fait le service de Soldat ou de Dragon pendant deux mois, celui de Caporal ou de Brigadier pendant deux autres mois, & enfin celui de Sergent ou de Maréchal-des-logis aussi pendant deux mois.

L'intention de Sa Majesté est que ce nouveau sujet soit exercé journellement, soit à pied ou à cheval, qu'il se trouve à tous les exercices particuliers, qu'il fasse le service, & qu'il remplisse toutes les fonctions de chacun des grades de Soldat ou de Dragon, de Caporal ou de Brigadier, & de Sergent ou de Maréchal-des-logis indistinctement, à la réserve des corvées.

Lorsqu'au bout de ces six mois, le Commandant & les autres Officiers supérieurs de la Légion, auront jugé ce nouveau sujet suffisamment instruit, ils le feront recevoir à son emploi, & en informeront le Secrétaire d'État ayant le département de la guerre.

TITRE 3.

Du Maniement du fusil pour les Officiers & bas Officiers de l'Infanterie.

TOUTES les fois qu'une troupe portera le fusil, les Officiers le porteront dans le bras droit au défaut de l'épaule, le canon en arrière & presque d'à-plomb, la baguette en dehors, le bras tendu, la main droite embrassant le chien & la sous-garde, la crosse à plat le long de la cuisse droite, & la main gauche pendante sur le côté ; dans les cas de parade, les Officiers seront reposés sur les armes, la crosse à douze pouces de la pointe du pied droit, la main droite à quatre doigts du bout du canon, la tête haute, les épaules libres & tombantes, le corps bien d'à-plomb, les jarrets tendus, les pieds placés en équerre, les talons joints faisant face carrément devant eux, le bras gauche tombant, la paume de la main sur la cuisse, les doigts ouverts naturellement : mais lorsqu'ensuite ils devront exécuter quelques mouvemens, ils rapprocheront la crosse à deux pouces de la pointe du pied droit.

Pour mettre la baïonnette au bout du canon.

ON l'exécutera en sept temps :

Au premier, portant le fusil dans le bras droit, on portera vivement la main gauche à la capucine.

Au deuxième, on détachera le fusil de l'épaule & on placera la main gauche en frappant au milieu du canon pour le tenir perpendiculaire vis-à-vis le milieu du corps, plaçant en même temps le pied droit en équerre derrière le talon gauche en faisant un *demi-à-droite.*

Au troisième, on abaissera le fusil de manière que la

croffe arrive près de terre, la baguette tournée vers le corps, plaçant en même temps la main droite au bout du canon à hauteur du bois.

Au quatrième, on appuiera la croffe à terre vers la gauche & à quatre pouces du pied gauche, à hauteur de la boucle & le fufil collé à la cuiffe.

Au cinquième, quittant le fufil de la main droite, on faifira la baïonnette à la douille & on la dégagera du fourreau, la main gauche éloignant en même temps un peu le canon fans déranger la croffe.

Au fixième, on portera la baïonnette au bout du canon, où on l'engagera doucement, prête à y être emboîtée, rapprochant en même temps le canon du corps.

Au feptième, on emboîtera la baïonnette & on replacera la main droite au bout du canon.

Pour porter enfuite les armes.

On l'exécutera en trois temps :

Au premier, quittant le fufil de la main droite, on l'élèvera à plomb de la gauche qui fe portera à hauteur de la cravate, tournant la baguette en dehors, le canon entre les deux yeux, & on le faifira de la main droite en empoignant le chien & la fous-garde.

Au deuxième, en donnant un coup de la main gauche, on placera le fufil perpendiculaire entre la tête & l'épaule droite, faifant en même temps *face en tête* & replaçant le pied droit à côté du gauche en le frappant.

Au troifième, on achèvera de porter le fufil, & on replacera la main gauche à gauche.

Pour mettre la baïonnette en fon lieu.

On l'exécutera en fept temps :

Les quatre premiers, comme les quatre premiers temps du commandement précédent.

Au cinquième, en tournant un peu le canon en dedans, on donnera un coup vif avec le talon de la main droite au coude de la baïonnette pour enfuite l'empoigner à la douille, la tourner, la déboîter & la tenir au-deffus & près du canon dans la même direction.

Au sixième, on remettra la baïonnette dans le fourreau, détachant un peu le canon du corps sans déranger la crosse.

Au septième, on rapprochera le fusil du corps, & on le saisira de la main droite au bout du canon.

Pour porter ensuite les armes.

ON l'exécutera en trois temps, comme il est prescrit ci-devant, après avoir mis la baïonnette au bout du canon.

Pour poser la crosse à terre.

ON l'exécutera en deux temps.

Au premier, on saisira le fusil à hauteur de l'épaule, avec la main gauche, & on le baissera un peu pour placer en même temps la main droite à quatre doigts du bout du canon.

Au deuxième, on baissera le fusil de la main droite pour poser doucement la crosse à terre, le talon de la crosse à deux pouces & sur l'alignement de la pointe du pied droit, la main gauche se replaçant à gauche.

Les Officiers poseront le fusil à terre & le reprendront en même temps & de la même manière que la troupe; avec cette différence, qu'ils couleront la main droite basse, & qu'ensuite ils la replaceront au bout du canon.

Pour porter les armes.

ON l'exécutera en deux temps :

Au premier, on élèvera le fusil perpendiculairement, on placera la main gauche au-dessous de la capucine à hauteur du ceinturon, empoignant en même temps la sous-garde & le chien avec la main droite.

Au deuxième, on placera le fusil contre l'épaule droite, & la main gauche se reportera à gauche.

Pour porter l'arme au bras.

Lorsque la troupe portera l'arme au bras en marchant, les Officiers pourront la porter de même en trois temps qu'ils exécuteront d'un seul mouvement, mais ils reporteront les armes en même temps que la troupe.

Pour saluer du fusil étant reposé dessus.

ON l'exécutera en quatre temps :

Au premier, lorsque la personne qu'on devra saluer, sera à quatre pas, on élèvera vivement le fusil, le saisissant de la main gauche à la capucine & en même temps de la droite à la poignée pour le tenir perpendiculaire, la main gauche à hauteur de l'estomac, le canon en dedans à un demi-pied de distance & vis-à-vis le milieu du corps, faisant aussi en même temps un *demi-à-droite* sur le talon gauche, & plaçant le pied droit en équerre derrière le gauche, les talons joints.

Au deuxième, on baissera le bout du fusil près de terre, le canon en dessus.

Au troisième, on relèvera le fusil perpendiculaire, le saisissant en même temps de la main droite au bout du canon à hauteur des yeux.

Au quatrième, on baissera le fusil pour poser la crosse à terre, à la même distance du pied, & la main gauche se replacera à gauche.

Pour saluer du fusil en marchant.

ON l'exécutera en quatre temps :

Au premier, lorsqu'on sera à quatre pas de la personne qu'on devra saluer, on partira en avançant le pied gauche & effaçant un peu le corps à droite, détachant le fusil de l'épaule on l'élèvera, le saisissant de la main gauche à la capucine à hauteur de l'estomac, pour le tenir perpendiculaire vis-à-vis & à un demi-pied de distance de l'épaule droite, observant de ne point déplacer la main droite.

Au deuxième, en avançant le pied droit, on baissera le bout du fusil près de terre, le canon en dessus sans déplacer le premier doigt de la main droite dont on passera le pouce par-dessus le chien pour saisir la poignée.

Au troisième, en faisant le troisième pas on relèvera le fusil, faisant *face en tête* pour le tenir perpendiculaire vis-à-vis & à un demi-pied de distance de l'épaule droite, repassant le pouce de la main droite par-dessus le chien.

Au quatrième, en faisant le quatrième pas on portera le fusil, & la main gauche se replacera à gauche.

C

Les Officiers de l'État-major de l'Infanterie, porteront à pied l'épée à l'épaule droite & en salueront en quatre temps, ainsi qu'il est prescrit de le faire à cheval; hors ces cas ils tiendront l'épée de biais, le bras droit presque tombant, la poignée au-dessous de la hanche droite, & l'extrémité de la lame dans la main gauche.

TITRE 4.

Du Maniement du fusil pour les Caporaux.

LES Caporaux faisant le service à pied, porteront l'arme comme les Soldats: mais lorsqu'ils feront le service de Sergent ou lorsqu'ils marcheront à la tête d'une division, d'une pose de sentinelle, ou qu'ils auront des rapports à faire, ils porteront l'arme au bras droit comme les Officiers & Sergens, & ils exécuteront ce changement en trois temps:

Au premier, on portera la main droite à la poignée & on détachera vivement le fusil de l'épaule, le saisissant de la main gauche à la capucine pour le tenir perpendiculaire vis-à-vis l'œil droit, & tournant la baguette en avant, ainsi qu'il est prescrit dans la position de *haut les armes*.

Au deuxième, on baissera le fusil pour le porter à l'épaule droite, la main droite empoignant le chien & la sous-garde.

Au troisième, la main gauche se reportera à gauche.

Pour porter ensuite l'arme à l'épaule gauche.

ON l'exécutera en trois temps:

Au premier, détachant le fusil de l'épaule droite, on l'élèvera pour l'amener perpendiculairement entre les deux yeux, la main gauche le saisissant en même temps à la capucine à hauteur de la cravate, la main droite quittant le chien & la sous-garde pour se placer à la poignée.

Au deuxième, on élèvera le fusil de la main droite, le pouce alongé sur la contre-platine, tournant le canon en dehors vis-à-vis l'épaule gauche, & plaçant en même temps la main gauche sous la crosse.

Au troisième, on attirera le fufil avec la main gauche
contre l'épaule gauche, replaçant en même temps la main
droite fur le côté.

TITRE 5.

De l'École du Soldat.

L'INSTRUCTION particulière du Soldat comprendra le
foin qu'il doit avoir de toutes les parties de l'habillement,
de l'armement & de l'équipement; la connoiffance de la
véritable pofition du corps pour être fous les armes, la
marche, l'exécution du maniement des armes, des différens feux, & de toutes les manœuvres & évolutions.

On aura attention à ne montrer aux Soldats que fucceffivement toutes les parties de cette Inftruction, afin
qu'ils aient le temps de les concevoir.

Chaque Capitaine choifira dans fa compagnie le Fourrier, Sergent ou Caporal le plus au fait, pour exercer
les Soldats un à un, enfuite plufieurs enfemble, tant aux
différens pas de la marche qu'au maniement des armes,
à l'exécution des mouvemens néceffaires à chacun des
trois rangs, pour charger à l'arme blanche, & pour mettre
en joue, tirer & charger.

Lorfque ce choix aura été fait, il ne pourra être changé
fans des raifons effentielles, afin que tous les hommes
de recrue étant exercés par le même homme, aient plus
d'uniformité dans leurs principes.

On commencera à exercer les Soldats fans armes, pour
leur donner la pofition, qui confifte en ce que l'homme
fe tienne avec aifance & grâce, qu'il ait la tête haute, les
épaules libres & tombantes, le corps bien d'à-plomb, les
jarrets tendus, les pieds placés en équerre, les talons joints,
faifant face carrément devant lui, les bras pendans, la
paume de la main fur la cuiffe, fans alonger ni fermer
les doigts.

On laissera l'homme quelques minutes dans cette position sans remuer; on la lui fera quitter, pour la reprendre ensuite de lui-même, ce qu'on répétera jusqu'à ce qu'il sache se placer.

Après la position, on montrera au Soldat à se tourner dans les différens sens, se conformant à ce qui est prescrit aux manœuvres de détail, *Titre 11.*

On l'exercera ensuite aux différens pas de la marche, en suivant ce qui est réglé au *Titre 10 ;* & pour lui faciliter l'équilibre, celui qui l'exercera se mettra à côté de lui à sa droite, pour lui servir d'appui & de règle.

> Au commandement, *Marche ,* il partira de la jambe gauche en baissant un peu la pointe du pied, & portant ensuite le poids du corps en avant, il l'établira sur la jambe gauche en posant le talon à terre, & ployant en même temps le genou droit, il avancera la cuisse jusqu'à ce qu'elle se trouve d'à-plomb, laissant un instant la pointe du pied à terre ; il achèvera ensuite le pas de la jambe droite, pour le répéter de la gauche & successivement, tenant la tête haute, le corps aisé, les épaules libres, marchant naturellement & sans affectation quelconque.

Dès que le Soldat aura acquis un peu d'équilibre, on le fera marcher sans appui, & on en mettra plusieurs à côté les uns des autres pour les exercer ensemble.

Après que le Soldat aura été exercé sans arme & qu'il aura appris la position & les différens pas de la marche, on lui fera porter alors son arme, la lui plaçant presque droite & ferme contre l'épaule gauche, le canon en dehors, la sous-garde près du corps, l'extrémité supérieure de la platine ou ressort de la batterie à peu près à hauteur de l'aisselle, mais de manière que le bec de la crosse soit appuyé au bas de la hanche, sur le plis de la cuisse, sans cependant en gêner le mouvement, & soutenue de la main gauche, les trois derniers doigts sous le talon, le premier doigt sur la vis & le pouce au-dessus, le bras gauche presque alongé & placé naturellement, sans être gêné; le bras droit tombant

sans

sans mouvement, la paume de la main sur la cuisse, sans alonger ni fermer les doigts.

Le Soldat étant placé sous les armes, on lui fera exécuter les mêmes choses qui viennent d'être prescrites, & jusqu'à ce qu'il soit bien assuré dans sa position; on lui montrera ensuite le maniement des armes, en lui expliquant & en exécutant devant lui tous les différens temps: observant de ne passer d'un temps à un autre, que lorsqu'il saura bien le précédent.

Dès que les Soldats auront été exercés à la marche & au maniement des armes, on les perfectionnera dans la charge du fusil, à mettre en joue avec la plus grande aisance, & à faire feu dans les différens rangs où ils pourront être placés; on garnira alors leur fusil, d'un morceau de bois, en place de pierre, pour conserver la batterie.

Il sera formé de ces différens Soldats plusieurs classes; les plus instruits composeront la première & feront toujours exercés ensemble, les autres Soldats composeront les autres classes.

Les Capitaines, Lieutenans & Sous-lieutenans commanderont les mêmes manœuvres, & à mesure qu'il se formera un nombre de Soldats suffisamment instruits, ils les feront passer dans les différentes classes.

Lorsque le Major jugera les Soldats de la première classe des différentes compagnies en état d'être rassemblés, il chargera les Officiers-majors de réunir les bas Officiers & Soldats de ladite première classe, de deux compagnies, & successivement de plusieurs compagnies, pour les exercer ensemble.

On exercera principalement les Grenadiers & les Soldats de la première classe, à tirer à la sible, afin de leur apprendre à bien mettre en joue & à tirer juste; il sera distribué à cet effet un Prix à celui d'entr'eux qui aura le mieux tiré.

Les Soldats de la première classe qui montreront quelque

négligence ou mauvaise volonté, seront remis à la dernière classe, & ne pourront rentrer à celle dont ils étoient, qu'après un nouvel examen.

Les Soldats qui se seront absentés par congé, seront à leur retour exercés en détail par les bas Officiers chargés de cette partie, & ils ne pourront rentrer dans leur classe que sur le témoignage desdits bas Officiers.

On profitera des premiers beaux jours du printemps pour commencer les Exercices de détail, afin de rétablir la précision dans le maniement des armes & dans les manœuvres, qui n'auront pu se pratiquer pendant l'hiver.

Le Commandant du Corps réglera le travail des différentes classes, de manière que la première classe soit moins assujettie que les autres, & il veillera à ce qu'on ait beaucoup d'indulgence pour le Soldat, qu'on lui donne souvent du repos, & qu'on ne le punisse que dans les cas indispensables.

Il ne sera donné de permission à aucun Soldat pour travailler en ville, que lorsqu'il sera parfaitement instruit & qu'il aura été admis à la première classe.

TITRE 6.

Formation particulière de l'Infanterie d'une Légion.

CHAPITRE 1.er

Formation sur le pied de l'augmentation.

LORSQUE l'Infanterie d'une Légion prendra les armes pour s'exercer, paroître ou combattre, soit par compagnie, par bataillon ou par régiment, elle sera toujours formée sur trois rangs, à moins d'un ordre contraire; mais pour l'exercer sur une plus grande profondeur, on fera doubler les files, afin de la mettre à fix de hauteur , excepté les Grenadiers, qui refteront, dans tous les cas, fur trois rangs.

Chaque compagnie de Fufiliers étant formée en bataille fur trois rangs, fera divifée en deux divifions, & chaque divifion en deux parties, qui fe nommeront chacune *quart de rang*.

Le premier Caporal fera placé à la droite, & le fecond à la gauche du premier rang de la première divifion, l'un ayant le premier Appointé à fa gauche, & l'autre le fecond Appointé à fa droite.

Le troifième Caporal fera placé à la droite & le quatrième à la gauche du premier rang de la feconde divifion, l'un ayant le troifième Appointé à fa gauche, & l'autre le quatrième Appointé à fa droite.

Le cinquième Caporal fera placé à la droite & le fixième à la gauche du troifième rang de la première divifion, l'un ayant le cinquième Appointé à fa gauche, & l'autre le fixième Appointé à fa droite.

Le feptième Caporal fera placé à la droite & le huitième à la gauche du troifième rang de la feconde divifion, l'un ayant le feptième Appointé à fa gauche, & l'autre le huitième Appointé à fa droite.

Le premier Sergent fera placé à la droite du troifième rang & le troifième à la droite du fecond rang de la première divifion.

Le fecond Sergent fera placé à la droite du troifième rang & le quatrième à la droite du fecond rang de la feconde divifion.

Le refte des files de chaque divifion fera compofé, aux premier & troifième rangs, des Soldats les plus élevés, & au fecond rang, de ceux qui le feront le moins.

Le Capitaine de chaque compagnie fe placera à la

droite du premier rang de sa compagnie, formant le chef-
de-file des premier & troisième Sergens.

Le Sous-lieutenant se placera à la droite du premier
rang de la seconde division, formant de même le chef-
de-file des second & quatrième Sergens.

Le Lieutenant se placera en serre-file à deux pas derrière
le centre de la première division, & le Fourrier sera placé
de même en serre-file derrière le centre de la seconde
division.

On suivra le même ordre pour la formation de toutes
les compagnies, à l'exception de la compagnie qui fermera
la gauche de chaque bataillon, dont le Sous-lieutenant &
les second & quatrième Sergens seront placés dans le même
ordre à la gauche de la seconde division.

Les huit compagnies de Fusiliers dont est composée
aujourd'hui l'Infanterie d'une Légion, formeront deux bataillons, qui se nommeront *Régiment*.

La première, la cinquième, la troisième & la septième
compagnies, qui seront rangées dans cet ordre, de la
droite à la gauche, formeront le premier bataillon.

La seconde, la sixième, la quatrième & la huitième
compagnies formeront de même le second bataillon.

On distinguera alors chaque compagnie sous la dénomination de *peloton*, qui se compteront de la droite à
la gauche du bataillon, premier, deuxième, troisième &
quatrième pelotons.

Le premier & le deuxième peloton formeront le demi-
bataillon de droite, & les troisième & quatrième pelotons
formeront le demi-bataillon de gauche.

On distinguera encore les parties dont un bataillon sera
composé, par pair & par impair.

La compagnie de Grenadiers sera placée à la droite

du premier bataillon, & fera divifée feulement en deux divifions.

Le premier Caporal fera placé à la droite du premier rang, & le troifième à la droite du troifième rang de la première divifion, l'un ayant le premier Appointé à fa gauche, & l'autre le troifième Appointé auffi à fa gauche.

Le fecond Caporal fera placé à la gauche du premier rang, & le quatrième à la gauche du troifième rang de la feconde divifion, l'un ayant le fecond Appointé à fa droite, & l'autre le quatrième Appointé auffi à fa droite.

Le Capitaine fe placera à la droite du premier rang de fa compagnie, ayant derrière lui au troifième rang le premier Sergent.

Le Sous-lieutenant fe placera à la gauche du premier rang de la feconde divifion, ayant derrière lui, au troifième rang, le fecond Sergent.

Le Lieutenant fe placera en ferre-file derrière le centre de la première divifion, & le Fourrier fera auffi placé en ferre-file derrière le centre de la feconde divifion.

Les Tambours de chaque bataillon feront placés fur un ou deux rangs à la droite de leur bataillon.

Le Colonel fe placera à quatre pas en avant du centre des deux bataillons.

Le Colonel-commandant fe placera vis-à-vis le centre du premier bataillon, à deux pas en avant du premier rang, & le Lieutenant-colonel fe placera de même vis-à-vis le centre du fecond bataillon.

Le Major fe placera derrière le centre des deux bataillons, à fix pas en arrière des ferre-files, & pourra fe porter où le fervice l'exigera.

L'Aide-major fe placera à la droite du premier bataillon, fur l'alignement du premier rang, & le Sous-aide-major à la gauche du fecond bataillon, auffi fur l'alignement du premier rang; bien entendu que ces Officiers pourront vaquer où le service l'exigera.

Lorsqu'il se trouvera des Officiers ou bas Officiers absens, les places qui leur sont prescrites seront remplies par le grade inférieur de la même compagnie.

Dans les cas de parade & d'assemblée des bataillons, les Officiers se placeront à la tête de leurs compagnie & division, tous sur le même alignement, à deux pas en avant du premier rang; & les Officiers-majors se porteront aussi en avant sur le même alignement des Officiers.

Les Officiers supérieurs se porteront alors à deux pas en avant du rang des Officiers, le Colonel à la tête, le Major se placera à la gauche du Lieutenant-colonel; & les Fourriers de serre-file se placeront derrière le centre de leur compagnie.

CHAPITRE 2.

Formation suivant la composition actuelle en temps de Paix.

LES compagnies se formeront sur trois rangs, ainsi qu'il est prescrit ci-devant; mais elles ne seront susceptibles d'aucune division.

Le premier Caporal sera placé à la droite du second rang de la compagnie, ayant le premier Appointé à sa gauche; & le second Caporal sera placé à la gauche du troisième rang, ayant le second Appointé à sa droite.

Le Sergent sera placé à la droite du troisième rang, & le Fourrier sera placé en serre-file derrière la compagnie.

Le Capitaine se placera à la droite & le Sous-lieutenant à la gauche du premier rang; le Lieutenant se placera en serre-file derrière la compagnie.

Les huit compagnies formeront deux bataillons, ainsi

qu'il est prescrit ci-devant ; mais pour accoutumer le Soldat à manœuvrer sur un plus grand front, on les exercera souvent à n'en former qu'un seul.

On suivra d'ailleurs tout ce qui a été prescrit ci-devant à la formation.

TITRE 7.
Des Batteries de Tambour pour assembler une Légion.

LORSQUE toute une Légion & toutes les Troupes d'une garnison, d'un quartier ou d'un camp, devront prendre les armes & monter à cheval, tous les Tambours battront *la générale*, auquel signal l'Infanterie prendra les armes, & les Dragons selleront & tiendront leur équipage prêt à charger ; mais s'il n'y a qu'une partie de ces Troupes qui doive prendre les armes ou monter à cheval, les Tambours *rappelleront ;* à ce signal, les Dragons brideront leurs chevaux, & si l'on doit partir, ils les chargeront.

Lorsqu'on battra *l'assemblée* ou *à cheval*, toutes les compagnies se rassembleront sur le lieu qui aura été indiqué pour se former ensemble en bataille.

Lorsqu'on battra ensuite *la marche*, on se mettra en mouvement.

En cas d'alerte ou de surprise, où il sera nécessaire de prendre les armes & de monter à cheval avec la plus grande célérité, pour se mettre promptement en état de défense, on battra *aux armes* au lieu de *la générale*.

TITRE 8.

De l'assemblée particulière de l'Infanterie d'une Légion.

CHAPITRE 1.ᵉʳ

De l'Assemblée de chaque compagnie, & de la visite qui doit en être faite.

LORSQUE l'Infanterie d'une Légion devra prendre les armes pour s'exercer particulièrement ou pour tout autre objet, les Tambours *rappelleront* à l'heure qui aura été désignée; à ce signal, chaque Caporal se rendra avec les Soldats de sa chambrée au rendez-vous de la compagnie, où se trouveront les Sergens & le Fourrier, pour former les divisions sur trois rangs ouverts (les Soldats ayant la crosse à terre, la main basse), en faire l'appel, & examiner les différentes parties de l'armement, de l'équipement & de l'habillement.

Les Officiers se trouveront au rendez-vous de leur compagnie, immédiatement après l'assemblée; & le Commandant de la compagnie, après s'être fait rendre compte par le Fourrier, s'il n'y manque personne, passera par-devant & par-derrière les rangs, de même que le Lieutenant & le Sous-lieutenant, qui l'aideront dans cette visite, pour examiner si les Soldats ont la tenue convenable, & s'il ne leur manque rien de tout point.

Si le Capitaine juge nécessaire de faire l'inspection des armes, il fera les commandemens prescrits ci-après pour l'inspection; si au contraire il étoit nécessaire de s'assembler avec célérité, il feroit porter les armes & ensuite l'arme au bras, & conduiroit, sans perte de temps, sa compagnie au quartier d'assemblée du Régiment ou de la Légion.

CHAPITRE 2.

CHAPITRE 2.

De l'Inspection.

1.

Prenez garde à vous.

2.

Préparez-vous pour l'inspection.

A ce commandement, les Soldats faisant un *demi-à-droite* sur le talon gauche, placeront le pied droit en équerre derrière le gauche, les talons joints : ils porteront de la main droite la crosse du fusil vers la gauche, & à quatre pouces du pied gauche, à hauteur de la boucle, le fusil collé à la cuisse, saisissant en même temps le fusil de la main gauche, au milieu du canon, pour le tenir la baguette vers le corps ; ils mettront tout de suite, de la main droite, la baïonnette au bout du canon, & ensuite la baguette dans le canon ; après quoi, ils feront *face en tête,* en reportant le fusil à droite, pour se reposer sur les armes, sans autre commandement.

Ces mouvemens étant exécutés, le Capitaine, le Lieutenant & le Sous-lieutenant parcourront chacun le front d'un rang, pour faire l'inspection des armes.

Lorsqu'on voudra examiner seulement si les armes sont chargées ou non, les Soldats ne bougeront point de leur position ; & dès que l'Officier aura dépassé de deux hommes le Soldat qui aura été inspecté, celui-ci sans attendre de commandement, passera le fusil à gauche, remettra la baguette en son lieu, & reportera ensuite l'arme à droite, faisant *face en tête* & coulant la main droite basse.

Si on veut de plus examiner les armes, l'Officier en arrivant au premier homme du rang, commandera, *montrez vos armes ;* alors celui-ci montrera ses armes en trois temps.

Au premier, élevant le fusil de la main droite en avant de la cuisse droite, la main à hauteur de la cravate, on le saisira de la main gauche, à hauteur du ceinturon.

Au deuxième, on élèvera de la main gauche le fusil entre les deux yeux, la main à hauteur de la cravate, & on le saisira de la droite, à la poignée, à hauteur du ceinturon.

Au troisième, on élèvera le fusil de la main droite, tournant la platine en avant, à hauteur de la cravate, & à un pied de distance environ, la main gauche tombant sur le côté.

L'Officier examinera si le fusil est chargé ou non; il le prendra, s'il le juge à propos, pour s'assurer encore mieux s'il est en bon état; après quoi il rendra le fusil au Soldat, qui passera tout de suite l'arme à gauche, en trois temps.

Au premier, il baissera le fusil de la main droite à hauteur du ceinturon, & le saisira de la gauche au milieu du canon à hauteur de la cravate.

Au deuxième, faisant un *demi-à-droite* & plaçant le pied droit en équerre derrière le gauche, il abandonnera le fusil de la main droite pour le baisser de la gauche jusque près de terre, & le saisira de la main droite au bout du canon.

Au troisième, il appuiera la crosse à terre, remettra la baguette & reportera ensuite l'arme à droite, faisant *face en tête* & coulant la main droite basse.

Dès que l'homme qui aura été inspecté, fera son premier temps pour passer l'arme à gauche, celui qui devra l'être à son tour, commencera au même moment son premier temps pour montrer ses armes, & ainsi des autres qui exécuteront successivement tous les mouvemens prescrits pour le premier homme.

Le Lieutenant & le Sous-lieutenant rendront compte au Capitaine après leur inspection, de ce qu'ils auront remarqué de défectueux.

Les Officiers & bas Officiers tiendront la main à ce que le Soldat entretienne ses armes en y passant souvent une pièce grasse, & en mettant de temps en temps de l'huile à tous les ressorts, après avoir essuyé auparavant la crasse ou cambouis qui pourroit s'y trouver, mais sans démonter les pièces de la platine que dans les cas indispensables.

Le Commandant du Corps donnera les ordres les plus précis pour défendre que les armes soient éclaircies ni polies avec aucun ferrement, ce qui est très-vicieux & contraire à la solidité de l'arme.

Si la compagnie doit être exercée au feu, le Fourrier distribuera des cartouches à poudre aux Soldats à mesure qu'il auront été inspectés, & ceux-ci les placeront dans leur giberne en mettant la partie supérieure en bas, & la partie inférieure ou côté de la balle, en haut.

L'inspection étant finie, si le Capitaine veut faire charger les armes, il fera les commandemens nécessaires pour porter & charger ensuite les armes, après quoi il fera serrer les rangs, & les Officiers se placeront à la tête de leur division.

CHAPITRE 3.

De la marche de chaque compagnie au lieu d'assemblée.

Tout étant disposé, le Capitaine fera porter l'arme au bras & fera rompre sa compagnie sur un front proportionné au terrein qu'il aura à parcourir pour se rendre au quartier d'assemblée du régiment, où en arrivant il la placera dans le rang qu'elle devra tenir dans l'ordre de bataille du régiment, & lui fera les commandemens pour poser la crosse à terre & se reposer.

Toutes les compagnies étant arrivées au rendez-vous du régiment, le Major & les Officiers-majors qui auront dû se rendre d'avance à ce lieu d'assemblée, parcourront le front & la queue des bataillons pour en compléter les files & égaliser toutes les divisions.

Le Colonel ou autre Commandant du Corps se trouvera à ce lieu d'assemblée le plus tôt possible, & s'il juge nécessaire de faire faire une inspection générale, il en chargera les Officiers-majors, après quoi il fera serrer les rangs, s'ils font ouverts, & fera rompre le régiment pour le mettre en marche & fe rendre fur le terrein deftiné aux exercices.

CHAPITRE 4.

De l'arrivée du régiment fur fon terrein d'exercice.

LE régiment étant arrivé fur le terrein où il devra être exercé, y fera fermé en bataille, ainfi que le Commandant le jugera à propos.

Si le régiment doit être vu en parade, le Commandant fera ouvrir les rangs, & s'il doit rendre des honneurs, il fera les commandemens pour préfenter les armes; alors les Officiers fe repoferont fur les armes, & en falueront fucceffivement.

Si au contraire le régiment doit être exercé tout de fuite aux évolutions & aux différens feux, le Commandant fe portera en avant du front pour faire les commandemens: mais avant de faire exécuter aucune manœuvre, il avertira les Officiers de fe rendre à leur place de bataille : cet avertif-fement fera fuivi d'un roulement après lequel les Officies fe placeront ainfi qu'il eft prefcrit à la formation des ba-taillons.

Soit qu'une légion s'exerce en total, ou que l'Infanterie ou les Dragons s'exercent féparément, le Colonel, le Colonel-commandant, le Lieutenant-colonel, le Major, ou tout autre Officier qui fe trouvera commander, com-mandera lui-même les manœuvres fans charger de ce foin les Officiers-majors.

Le Commandant du Corps pourra cependant nommer quand il le jugera à propos, un Officier pour commander à fa place, afin de s'affurer fi tous les Officiers font en état de commander.

TITRE 9.

De l'Exercice ou Maniement des armes de l'Infanterie.

CHAPITRE 1.er

OBSERVATIONS GÉNÉRALES.

L'EXERCICE sera divisé en deux parties: la première comprendra l'exercice de détail ou maniement du fusil, qui ne s'exécutera que par une ou deux compagnies au plus; & la seconde, proprement dite le maniement des armes, ne comprendra que les commandemens nécessaires pour aller à la charge.

On observera toujours de mettre deux secondes entre l'exécution de chaque temps des commandemens qui en auront plusieurs, & celui qui commandera l'exercice, ou l'homme d'aile, mettra quatre secondes de repos, entre la fin d'un commandement & le commencement du suivant.

Quant à l'exécution des mouvemens, on aura attention à ce que les Soldats les brusquent tous, que les files, les rangs & les armes soient toujours alignées, & qu'à la fin de chaque temps, il y ait une cessation totale de mouvement.

Quand un Soldat laissera tomber sa baguette, son chapeau, ou sa baïonnette, en quelque temps de l'exercice que ce soit, il ne les ramassera point, & il attendra que le Commandant ordonne à un Sergent ou autre, de le faire.

G

PREMIÈRE PARTIE.

Du Maniement du fusil de l'Infanterie.

LE maniement du fusil se fera toujours à rangs ouverts, & comme il vient d'être prescrit, jamais en plus grand nombre que par une ou deux compagnies.

Les Soldats portant les armes, on fera ouvrir les rangs, après quoi on fera cet avertissement :

Prenez garde à vous pour le maniement du fusil.

A cet avertissement, l'homme d'aile se portera en avant de la droite, & à la distance nécessaire pour être aperçu de la troupe, y faisant face.

Si la troupe avoit été précédemment inspectée, & qu'elle ait la baïonnette au bout du canon, on commenceroit par le commandement suivant; mais, dans le cas contraire, on commencera par le troisième commandement, *la platine sous le bras gauche.*

PREMIER COMMANDEMENT.

Baïonnette en son lieu.

EN sept temps :

Au premier, on portera la main droite à la poignée, & on détachera vivement le fusil de l'épaule en le tournant le canon en dedans, pour le tenir d'à-plomb vis-à-vis l'œil droit, plaçant la main gauche à la capucine à hauteur des yeux, le pouce alongé le long du bois, les coudes aisés & sans contrainte.

Au deuxième, faisant un *demi-à-droite* sur le talon gauche, de manière que le pied gauche forme une perpendiculaire sur l'alignement, on portera le pied droit en équerrre derrière le gauche, les talons joints & tournant en même temps le fusil, la baguette vers l'épaule gauche, on le saisira de la main gauche, au milieu du canon, le pouce en dedans, à hauteur de la cravate, le fusil perpendiculaire & près du corps, le coude gauche près le fusil, le bras droit demi tendu.

Au troisième, quittant le fusil de la main droite, on le baissera de la gauche de façon que la crosse arrive près de terre, le fusil collé à la cuisse, & on placera la main droite à quatre doigts du bout du canon.

Au quatrième, on appuiera doucement la crosse à terre sur l'alignement & à quatre pouces de la boucle du pied gauche.

Au cinquième, en tournant un peu le canon en dedans, on donnera un coup vif avec le talon de la main droite au coude de la baïonnette, & on l'empoignera ensuite à la douille pour, en la tournant, la déboîter & la tenir au-dessus & près du canon dans la même direction.

Au sixième, on écartera un peu le fusil du corps sans déranger la crosse, & baissant un peu la tête, on remettra la baïonnette dans le fourreau relevant ensuite la tête.

Au septième, on rapprochera le fusil du corps, & on reportera la main droite au bout du canon.

2.

Portez vos armes.

En trois temps :

Au premier, on élèvera le fusil de la main gauche & on le saisira de la main droite à la poignée, la main gauche à hauteur de la cravate.

Au deuxième, plaçant la main gauche sous la crosse, & faisant *face en tête* en frappant du pied droit pour le replacer à côté du gauche, on tiendra le fusil perpendiculaire vis-à-vis & à un demi-pied de distance de l'épaule gauche, la batterie à hauteur de l'épaule.

Au troisième, en baissant le poignet gauche, on attirera le fusil contre l'épaule gauche, replaçant en même temps la main droite sur le côté.

3.

La platine sous le bras gauche.

EN trois temps :

Au premier, on portera la main droite à la poignée & on détachera vivement le fusil de l'épaule, en le tournant le canon en dedans, pour le tenir comme il est prescrit au premier temps du premier commandement.

Au deuxième, on tournera de la main droite le fusil le canon en dehors, quittant & replaçant ferme la main gauche à hauteur de la cravate, pour tenir le fusil perpendiculaire vis-à-vis l'épaule gauche, l'avant-bras droit horizontal, le pouce alongé sur la contre-platine.

Au troisième, on passera la platine sous le bras gauche, de façon que le petit doigt de la main gauche se trouve sur l'os de la hanche, le pouce sur la baguette pour la contenir, la main droite se replaçant en même temps à droite.

4.

Portez vos armes.

En trois temps:

Au premier, on relèvera le fusil de la main gauche, plaçant en même temps la main droite à la poignée, le pouce sur la contre-platine, pour le tenir perpendiculaire vis-à-vis l'épaule gauche.

Au deuxième, on replacera la main gauche sous la crosse, en élevant un peu le fusil, de manière que la batterie soit à hauteur de l'épaule.

Au troisième, on achèvera de porter les armes comme il est prescrit au troisième temps du second commandement.

5.

L'arme au bras.

En trois temps consécutifs d'un seul mouvement:

Au premier, on portera la main droite à la crosse, un peu au-dessous de la poignée.

Au deuxième, la main gauche quittant la crosse, se placera sur la poitrine, contenant le fusil de l'avant-bras gauche, sur lequel on laissera appuyer le chien.

Au troisième, on replacera la main droite sur le côté.

6.

Portez vos armes.

En trois temps consécutifs d'un seul mouvement :

Au premier, on portera la main droite à la crosse près de la poignée.

Au deuxième, on placera la main gauche sous la crosse.

Au troisième, la main droite se placera sur le côté.

7.

Présentez vos armes.

En deux temps :

Au premier, comme au premier temps du premier commandement.

Au deuxième, en retirant le pied droit à six pouces en arrière de sa place, sans effacer le corps, on baissera vivement le fusil pour le porter d'à-plomb, la crosse vis-à-vis la cuisse gauche, le canon en dedans, la batterie à hauteur du ceinturon & à deux doigts de distance environ.

8.

Portez vos armes.

En deux temps :

Au premier, replaçant le pied droit à côté du gauche, en le frappant, on relèvera le fusil de la main droite, pour le tourner, le canon en dehors, le saisissant en même temps de la main gauche sous la crosse, pour le tenir perpendiculaire à un demi-pied de distance & vis-à-vis l'épaule gauche, la batterie à hauteur de l'épaule.

Au deuxième, en baissant la main gauche, on attirera le fusil contre l'épaule gauche, replaçant en même temps la main droite sur le côté.

Lorsqu'on présentera les armes pour rendre honneur au Saint-Sacrement, on mettra le genou droit en terre & le chapeau sur le genou gauche, ce qui s'exécutera au commandement *genou en terre* ; lorsqu'ensuite on devra se relever, on fera l'avertissement, *prenez garde à vous,* auquel tous les

Soldats remettront leur chapeau : on commandera ensuite, *portez vos armes*, & tous les Soldats se relèveront & porteront le fusil à l'épaule.

9.

Crosse à terre.

En deux temps :

Au premier, on baissera le fusil, en alongeant le bras gauche de toute sa longueur, & on saisira le fusil de la main droite, au milieu du canon, à hauteur de l'épaule.

Au deuxième, on détachera le fusil de l'épaule, pour l'amener du côté droit, & poser doucement & sans aucun bruit la crosse à terre, le talon de la crosse à deux pouces environ & sur l'alignement de la pointe du pied droit.

Lorsque de cette position, on voudra, pour quelque raison que ce soit, que le Soldat se repose sur les armes, on commandera, *la main droite à vos armes ;* alors le Soldat portera la main droite à quatre doigts du bout du canon ; lorsqu'ensuite on voudra faire porter les armes, on commandera auparavant, *main basse*, ce que le Soldat exécutera en coulant la main droite basse.

10.

Les armes à terre.

En quatre temps :

Au premier, on tournera le canon vers le corps, en faisant un *demi-à-droite* sur le talon gauche, on placera en même temps la pointe du pied droit derrière la crosse, & on mettra la main gauche derrière le dos, pour contenir la giberne.

Au deuxième, on portera le pied gauche à deux pieds en avant de l'alignement, & courbant le corps, on couchera le fusil à terre, la platine en dessus, la crosse restant appuyée au pied, & l'arme perpendiculaire sur l'alignement.

Au troisième, on se relèvera, ramenant le pied gauche à côté du droit, le bras droit pendant.

Au quatrième, on tournera sur le talon gauche, pour faire *face en tête*, le pied droit se replaçant à côté du gauche, la main gauche pendante.

Lorsque le Soldat saura exécuter ce commandement, on ne l'emploiera plus alors que dans les cas où il sera nécessaire que la troupe pose les armes à terre, pour ensuite quitter ses rangs.

11.

Reprenez vos armes.

En quatre temps :

Au premier, on tournera à droite sur le talon gauche, plaçant la pointe du pied droit derrière la crosse, & la main gauche se placera derrière le dos, pour contenir la giberne.

Au deuxième, on portera le pied gauche à deux pieds en avant de l'alignement, & courbant le corps, on saisira le fusil de la main droite, au milieu du canon.

Au troisième, on se relèvera, ramenant le pied gauche à côté du droit.

Au quatrième, on fera *face en tête*, replaçant le pied droit à côté du gauche ; & tournant le fusil, la sous-garde en avant, on coulera la main droite basse, & la main gauche se replacera à gauche.

12.

Portez vos armes.

En deux temps :

Au premier, on élèvera le fusil de la main droite, tournant le canon en dehors, & le faisant couler dans la main, jusqu'à ce que la partie supérieure de la platine rencontre le petit doigt, pour amener le fusil vis-à-vis l'épaule gauche, la batterie à hauteur de l'épaule, & le soutenir en même temps de la main gauche, qu'on placera sous la crosse.

Au deuxième, on achèvera de porter les armes, replaçant en même temps la main droite sur le côté.

13.

Baïonnette au canon.

En sept temps :

Les quatre premiers, comme les quatre premiers temps du premier commandement.

Au cinquième, quittant le fufil de la main droite, on faifira la baïonnette à la douille, & on la dégagera du four-reau, la main gauche éloignant un peu le canon du corps, fans déranger la croffe.

Au fixième, rapprochant le canon du corps, on portera la baïonnette au bout du canon, où on l'engagera dou-cement, prête à y être emboîtée.

Au feptième, on emboîtera la baïonnette, & on repla-cera la main au bout du canon.

14.

Portez vos armes.

En trois temps:

Comme au fecond commandement.

De tous les commandemens prefcrits ci-deffus pour le maniement du fufil, on ne fera ufage dans les Exercices généraux, que de ceux qui feront néceffaires, fuivant les circonftances, foit pour mettre la baïonnette au canon ou en fon lieu, foit pour préfenter les armes, porter l'arme au bras, pofer la croffe à terre, &c.

SECONDE PARTIE.

Du Maniement des armes de l'Infanterie.

LE Commandant s'étant porté en avant du front du régiment, à la diftance néceffaire pour être entendu de la troupe, & fuivi d'un Tambour, fera cet avertiffement:

Prenez garde à vous pour le maniement des armes.

A cet avertiffement, le Tambour fera un roulement, & donnera enfuite un coup de baguette.

A ce fignal, le Colonel-commandant ira fe placer fur le flanc droit du régiment, & le Lieutenant-colonel fur le flanc gauche, un peu en avant du premier rang, y faifant face; l'homme d'aile partira en même temps pour fe porter en avant de la droite, & à la diftance néceffaire pour être aperçu du front de la troupe à laquelle il fera face.

Le

Le Commandant fera enfuite les commandemens fuivans, ou s'il veut faire exécuter les mouvemens à la muette, il fera faire un fecond roulement fuivi d'un coup de baguette, après lequel l'homme d'aile partira pour donner le premier fignal ; & la troupe fe réglant fur lui, exécutera les mouvemens prefcrits ci-après :

PREMIER COMMANDEMENT.

Baïonnette en avant.

EN deux temps :

Au premier, on portera la main droite à la poignée, & on détachera vivement le fufil de l'épaule en le tournant le canon en dedans, pour le tenir perpendiculaire vis-à-vis l'œil droit, plaçant la main gauche à la capucine à hauteur des yeux, le pouce alongé le long du bois, les coudes aifés & fans contrainte.

Au deuxième, les deux premiers rangs amèneront avec la main droite la croffe fous le bras droit, faifant en même temps un *demi-à-droite* fur le talon gauche, & plaçant le pied droit en équerre à fix pouces derrière le gauche, on ouvrira un peu la main gauche, qu'on replacera enfuite ferme en la frappant à la capucine pour préfenter la baïonnette en avant, couchant le fufil, favoir : les Soldats du premier rang, le tenant horizontalement à hauteur de la hanche droite, le canon en deffus, la baguette en deffous, le fufil appuyé fur le côté ; & ceux du fecond rang plaçant le bec de la croffe à hauteur & près de la hanche droite, tiendront le bout du canon à hauteur du chapeau.

A l'égard du troifième rang, il reftera *haut les armes*, & fera un *demi-à-droite* fur le talon gauche, plaçant le pied droit en équerre à fix pouces derrière le gauche en même temps que les premiers rangs.

On exercera fouvent la troupe à marcher en avant dans cet ordre, d'abord au pas, & enfuite au pas redoublé, pour accoutumer le Soldat à faire la première charge à l'arme blanche, dans le cas où les circonftances pourroient l'exiger.

Pour cet effet, au commandement *marche*, ils partiront,

dans ce feul cas, du pied droit, ceux des premiers rangs tenant toujours la baïonnette directement en avant; & au commandement *halte*, ils porteront les armes ainsi qu'il eft prefcrit au commandement fuivant.

2.

Portez vos armes.

EN deux temps :

Au premier, on portera de la main droite le fufil vis-à-vis l'épaule gauche, on placera en même temps la main gauche fous la croffe pour le tenir perpendiculaire, la batterie à hauteur de l'épaule, en faifant *face en tête* & frappant du pied droit en le replaçant à côté du gauche.

Au deuxième, en baiffant la main gauche, on attirera le fufil contre l'épaule gauche, replaçant en même temps la main droite fur le côté.

3.

Apprêtez vos armes.

EN trois temps, dans la valeur d'un feul :

Au premier, on portera la main droite à la poignée, & on détachera vivement le fufil de l'épaule en le tournant le canon en dedans pour le tenir perpendiculaire vis-à-vis l'œil droit, plaçant la main gauche à la capucine à hauteur des yeux, le pouce alongé le long du bois, les coudes aifés & fans contrainte.

Au deuxième, le premier rang tombera le genou droit en terre avec la plus grande rapidité, le plaçant à dix pouces environ en arrière du talon gauche & à fix pouces fur la droite de fa direction, appuyant en même temps, mais légèrement, la croffe du fufil à terre vis-à-vis le genou droit, à hauteur du talon gauche, & faififfant auffitôt le chien avec le pouce & le premier doigt de la main droite.

Les deux derniers rangs plaçant le pouce droit fur le chien, & le premier doigt au-deffus de la fougarde, feront en même temps un *demi-à-droite* fur le talon gauche, & placeront le pied droit, favoir, le fecond rang à fix pouces environ en arrière du talon gauche, & le troifième rang, fans effacer le corps, le placera à douze pouces fur la droite, & à six pouces en arrière de l'alignement du talon gauche.

Au troisième, les trois rangs armeront le fusil.

Ces mouvemens s'exécuteront avec la plus grande vivacité, & comme il vient d'être dit, dans la valeur d'un seul temps.

Les Officiers & Sergens qui feront dans les rangs, feront au second temps, un pas en arrière pour retrograder d'un rang.

4.

En joue.

EN un temps :

> On couchera le fusil horizontalement pour appuyer la crosse ferme à l'épaule droite, plaçant le pouce droit sur la poignée & le premier doigt sur la gachette.

Les Soldats du premier rang observeront d'avoir alors le corps en arrière, & ceux des deux derniers rangs ploieront sur la partie gauche en inclinant le haut du corps en avant, le jarret droit tendu, appuyant tous la joue sur la crosse, l'œil gauche fermé pour viser & bien ajuster.

A l'égard des coudes, les Soldats les tiendront au point où ils se trouveront le plus en force, & on ne les gênera en aucune manière là-dessus, afin qu'ils agissent avec toute l'aisance & la célérité possible.

On aura attention que ce mouvement soit ferme & bien décidé, & qu'il s'exécute sans aucun tâtonnement de position; & pour y perfectionner le Soldat, on commandera souvent, *retirez vos armes*, & ensuite *en joue :* on observera sur-tout que le bout du canon soit aussi élevé de terre que la culasse pour que le fusil soit bien horizontal, & éviter que le Soldat tire bas, ce qu'il fait machinalement par le poids de sa baïonnette, & ce qui est beaucoup plus vicieux que de tirer haut.

5.

Feu.

EN un temps :

On appuiera le premier doigt sur la gachette, sans remuer la tête ni faire aucun autre mouvement, & un temps après, le premier rang se relèvera brusquement, joignant les talons, le corps effacé, & tous les Soldats retireront vivement le fusil, plaçant la crosse sous le bras droit, le bout du canon à hauteur du chapeau, la platine à hauteur du creux de l'estomac, la main gauche restante à la capucine le pouce le long du bois, plaçant le pouce & le premier doigt de la main droite à la vis du chien, prêt à le mettre en son repos; à l'égard des pieds, les Soldats des deux derniers rangs rapprocheront le pied droit contre le talon gauche, le troisième rang effaçant alors le corps ainsi que les premiers.

Les Officiers & Sergens reprendront en même temps leur place, en faisant un pas en avant.

6.

Chien en son repos.

EN un temps :

On relèvera le chien jusqu'à ce qu'il s'arrête dans le premier cran, la main droite restant à sa même position.

7.

La cartouche.

En trois temps :

Au premier, la main droite se portera à la giberne pour en tirer la cartouche.

Au deuxième, on portera la cartouche à la bouche, pour la déchirer en mordant jusque dans la poudre.

Au troisième, on la portera au bassinet pour amorcer, & on placera ensuite les deux derniers doigts derrière la batterie, tenant la cartouche droite entre le pouce & les deux premiers doigts.

8. *Fermez*

8.

Fermez le bassinet.

EN un temps :

On fermera le bassinet & on reportera la main droite derrière la platine, saisissant la poignée entre les deux derniers doigts & la paume de la main.

9.

Armes à gauche.

EN deux temps :

Au premier, on passera la crosse à gauche en tournant le fusil perpendiculairement près du corps, & coulant la main jusqu'au milieu du canon, on baissera aussitôt le fusil de la main gauche, l'abandonnant de la droite pour appuyer la crosse à terre, à quatre pouces du pied gauche sur l'alignement de la boucle, le fusil collé à la cuisse.

Au deuxième, on mettra la cartouche dans le canon, donnant tout de suite un coup de la paume de la main contre le bout du canon, & on saisira la baguette avec le pouce alongé & le premier doigt ployé, le coude près du corps.

10.

Bourrez.

EN six temps :

Au premier, on sortira la baguette à moitié hors des tenons, en alongeant le bras droit de toute sa longueur, & coulant ensuite la main près du bout du canon, on contiendra la baguette entre le pouce & les quatre doigts alongés, le plat de la main en avant.

Au deuxième, on achèvera de la tirer, la faisant tourner le bras droit tendu, passant le gros bout vers le côté droit, pour le porter à l'orifice du canon & la faire entrer d'environ un pouce.

Au troisième, on chassera la baguette dans le canon, & on la saisira avec le pouce & le premier doigt, à un pouce environ du petit bout, après qu'elle aura rebondi.

K

Au quatrième, on la fortira du canon jufqu'à moitié de fa longueur, & on la faifira près du bout du canon entre le pouce & les quatre doigts alongés, le plat de la main en avant.

Au cinquième, on achèvera de la fortir du canon, & l'ayant fait tourner, le bras droit tendu, on portera le petit bout à l'entrée du premier porte-baguette, où on la fera couler dans les tenons, jufqu'à ce que le gros bout ne dépaffe plus que de fix pouces le bout du canon, & on placera le milieu du petit doigt ployé fur le gros bout de la baguette, la main demi-fermée.

Au fixième, on l'enfoncera d'un feul coup, & on fera tout de fuite *haut les armes,* le corps reftant toujours effacé.

Si l'on veut faire continuer le feu, on commandera, *apprêtez les armes;* alors le premier rang tombera genou en terre, & les derniers rangs porteront le pied droit en arrière dans la pofition prefcrite, les trois rangs armant auffitôt le fufil.

Si au contraire on veut faire porter les armes, on commandera :

I I.

Portez vos armes.

En deux temps :

Au premier, faifant *face en tête,* en replaçant & frappant contre terre le pied droit à côté du gauche, on portera le fufil à gauche, plaçant la main gauche fous la croffe, pour le tenir perpendiculaire vis-à-vis & à un demi-pied de diftance de l'épaule gauche, la batterie à hauteur de l'épaule.

Au deuxième, en baiffant le poignet gauche, on attirera le fufil contre l'épaule gauche, & la main droite fe replacera en même temps fur le côté.

Les Officiers & Sergens qui feront dans les rangs pendant le maniement des armes, effaceront le corps à droite, & feront *face en tête* en même temps que la troupe, dans tous les cas où ces mouvemens font indiqués.

CHAPITRE 2.

De la charge du fusil à volonté.

LORSQU'APRÈS le maniement des armes, le Commandant jugera à propos d'exercer les Soldats à charger vîte & sans intervalle entre les temps, il fera l'avertissement, *prenez garde à vous,* & ensuite le commandement :

Chargez vos armes.

LES trois premiers temps s'exécuteront de la manière suivante :

Au premier, comme au premier temps du premier commandement du maniement des armes.

Au deuxième, faisant un *demi-à-droite* sur le talon gauche, on portera le pied droit en équerre derrière le gauche, les talons joints ; on fera en même temps *armes plates,* en plaçant le fusil dans la position prescrite au maniement des armes; après avoir fait *feu,* on donnera un coup ferme de la main gauche à la capucine pour marquer ce temps, & on placera ensuite le pouce de la main droite devant la batterie.

Au troisième, on ouvrira le bassinet.

Ces trois temps s'exécuteront avec l'homme d'aile.

Les Soldats prendront tout de suite la cartouche, la déchireront, amorceront & fermeront le bassinet sans attendre personne; mais ils se règleront encore sur l'homme d'aile, pour passer ensemble l'arme à gauche ; ce qui étant exécuté, ils chargeront le fusil avec célérité, & le porteront tout de suite à l'épaule, sans se régler sur personne.

On exercera souvent les Soldats à la charge du fusil, afin qu'ils acquièrent la plus grande aisance, & qu'ils parviennent à le faire avec toute la célérité possible, devant regarder cet objet comme le plus essentiel & auquel on doit porter toute son attention.

Le maniement des armes étant fini, le Commandant

fera faire un roulement, après lequel le Colonel-commandant, le Lieutenant-colonel, ainsi que l'homme d'aile, iront reprendre leur place, & le Tambour rejoindra les autres.

Lorsque le Commandant jugera à propos d'exercer les Officiers à saluer, il les fera sortir des rangs pour occuper leur place de parade, & saluer de leur arme de pied-ferme & en marchant, décidant du lieu & du moment où le salut devra se faire; après quoi il leur ordonnera de reprendre leur place dans les rangs pour ensuite exercer avec la troupe.

Quand, après le maniement des armes, pendant les évolutions ou autres occasions, on voudra expliquer quelque chose, ou qu'on voudra faire reposer le Soldat, & lui donner la facilité de sortir du rang, on commandera, *la crosse à terre*, ce qui s'exécutera ainsi qu'il est prescrit au neuvième commandement du maniement du fusil : on commandera ensuite *repos;* alors le Soldat laissera tomber son fusil dans le bras droit, la main à plat sur le bois; il pourra essuyer son fusil, rajuster les parties de son équipement qui en auroient besoin, parler; & ceux qui auront à sortir du rang pourront le faire, en laissant cependant leur fusil à leur camarade.

On aura soin de donner souvent ce moment de repos, pour soulager le Soldat & ménager son attention.

Quand on voudra continuer à exercer, on fera l'avertissement, *prenez garde à vous,* auquel le Soldat se préparera à exécuter les commandemens qui devront lui être faits, & prêtera la plus grande attention : on commandera ensuite, *portez vos armes,* ce qui s'exécutera ainsi qu'il est prescrit au douzième commandement du maniement du fusil.

TITRE 10.

TITRE 10.

Principes généraux pour la Marche
& les Évolutions.

CHAPITRE 1.er

De la Marche.

LA marche doit être considérée comme un des objets le plus essentiel des Exercices à pied, & en même temps comme un de ceux qui exige le plus de liberté & d'aisance pour parvenir à la plus grande célérité dans les manœuvres; elle sera divisée en plusieurs parties, afin de déterminer la longueur & la durée des différens pas, relativement aux évolutions qu'on aura à exécuter.

On distinguera trois sortes de marches, celle en ligne directe, celle en ligne oblique, & la marche de conversion.

La marche devant soi en ligne directe, se fera par quatre sortes de pas.

Le pas lent, le pas ordinaire, le pas redoublé & le pas de course.

La longueur du pas lent sera d'environ six pouces, & se fera en portant le talon à hauteur de la pointe du pied qui sera derrière; sa durée sera d'environ une seconde, & on restera encore la valeur d'une seconde sur chaque pas pour porter l'à-plomb du corps sur la jambe qui sera en avant.

La longueur du pas ordinaire sera d'environ deux pieds, & sa durée d'environ une seconde.

La longueur du pas redoublé sera de même d'environ deux pieds, le tout d'un talon à l'autre, & sa durée d'une demi-seconde.

L

La longueur du pas de courſe ſera à peu-près de dix-huit pouces, & ſa durée d'un quart de ſeconde environ; il ſe fera en portant un peu le haut du corps en avant pour en accélérer l'exécution; on ne s'en ſervira jamais en ligne, mais ſeulement pour faire arriver en bataille les dernières diviſions d'une colonne.

Le pas oblique ſe fera dans l'eſpace d'une ſeconde, il ſera environ de dix-huit pouces, & s'exécutera de la manière ſuivante:

Si c'eſt à droite, on partira du pied gauche en avant, le pied droit ſe portera obliquement à droite, & le pied gauche ſe portera en avant vis-à-vis la pointe du pied droit. Si c'eſt à gauche, on partira du pied gauche obliquement à gauche, & le pied droit ſe portera en avant vis-à-vis la pointe du pied gauche.

On redoublera le pas oblique comme le pas ordinaire, en faiſant deux pas obliques dans l'eſpace d'une ſeconde.

Le pas de flanc s'exécutera en portant le pied gauche à hauteur du pied droit du Soldat qui précédera, & ſans jamais que les files s'ouvrent.

Le pas que chaque Soldat doit faire en marchant en ligne circulaire, pour faire un mouvement de converſion, doit être plus raccourci ou plus alongé, ſelon que celui qui le fait ſe trouve plus près ou plus éloigné du pivot.

Il en ſera de même de tous les pas preſcrits ci-deſſus, dont la longueur n'eſt déterminée que pour en établir le principe, bien entendu qu'ils pourront être alongés ou raccourcis ſuivant le beſoin, ſoit pour regagner l'alignement. la diſtance, &c.

Le pas en arrière ne ſera que d'un pied de longueur environ; on l'exécutera en portant tout de ſuite le pied gauche en arrière ſans le marquer en avant, & enſuite le droit; il ſe fera dans l'eſpace d'une ſeconde, & l'on ne s'en ſervira que pour ouvrir les rangs en arrière, ou pour parcourir un très-petit eſpace.

Les hommes rangés en bataille, occuperont au moins dix-huit pouces de front, pour pouvoir agir & charger leur arme avec liberté; mais pour évaluer le terrein nécessaire à une troupe en bataille, on comptera deux pas (de trois pieds environ) pour trois hommes, y compris l'espace que les Officiers doivent tenir dans les rangs: ce calcul se trouve assez juste, & il est d'autant plus commode dans les supputations en grand, qu'il se trouve dans le moment.

La distance d'un rang à l'autre, sera de quatre pas, c'est-à-dire de huit pieds à rangs ouverts, de deux pas à rangs demi-ouverts, & de douze pouces environ à rangs serrés, le tout compté de l'alignement de la pointe des pieds d'un rang à celui des talons du rang qui précèdera.

L'intervalle d'un bataillon à l'autre, sera d'environ quatre pas.

Chaque Soldat, pour s'aligner, verra du coin de l'œil la poitrine du second homme qui sera à sa droite ou à sa gauche, selon le côté où on s'alignera.

On s'attachera à enseigner aux Soldats, à porter leur arme de manière qu'elle ne chancelle pas, à marcher carrément devant eux, sans ouvrir ni serrer leur file ni leur rang, à garder leur distance & leur alignement, à partir du pied gauche pour toutes sortes de pas, & à s'arrêter au commandement *halte*, en plaçant sur le champ le pied qui sera derrière, sur l'alignement de celui de devant.

Lorsqu'en marchant, on voudra faire passer la troupe d'un pas à un autre, on fera l'avertissement de l'espèce de pas qu'on voudra faire marcher, & on commandera ensuite, *marche*; à ce commandement, on achèvera le pas qui sera commencé, & l'on partira de l'autre jambe, pour exécuter celui qui aura été ordonné.

Le pas redoublé sera sousentendu par le commandement, *marche*, *marche*; après lequel on l'exécutera en se conformant à ce qui vient d'être prescrit.

On aura pour objet en exerçant les recrues fuivant les principes prefcrits ci-deffus, de les débourer, de leur donner un air de liberté & d'aifance, & de les mettre en état de marcher en parade.

Mais on ne s'occupera dans les évolutions en grand, que de l'enfemble général, laiffant marcher le Soldat fon pas naturel; il fuffira qu'il marche en bon ordre, fans fatiguer à chaque inftant fon attention à un alignement fcrupuleux, qui, outre fon inutilité dans certains cas, appefantit tous les mouvemens, & devient contraire à la célérité.

On rétablira, à la fin de chaque manœuvre, le peu de flottement qu'il pourroit y avoir dans les rangs, en faifant le commandement, *halte, alignez*, auquel on exigera du Soldat la plus fcrupuleufe attention pour s'aligner dans un clin d'œil.

C H A P I T R E 2.

De la Marche en colonne.

Toutes les fois qu'un régiment devra fe rompre pour marcher en colonne, le Commandant de chaque divifion quelconque, fe portera au pas redoublé, à deux pas environ en avant du centre de fa divifion, à la fin du commandement, pour rompre le régiment, & il fera remplacé au premier rang, par le Sergent qui fera derrière lui; dès que la divifion fe remettra en bataille, il reprendra fa place dans le rang.

Tous les autres Officiers, Fourriers & Sergens de chaque divifion, refteront à leur place ordinaire en ferre-file ou dans les rangs.

Le Colonel, Colonel-commandant & le Lieutenant-colonel, refteront à la tête de la divifion dans laquelle ils feront, bien entendu qu'ils pourront fe porter de-là par-tout où befoin fera.

Le Major marchera à la tête du régiment, à deux pas

en avant de l'Officier qui sera à la tête de la première division.

L'Officier-major de chaque bataillon se tiendra sur le flanc de la colonne & à portée de l'Officier supérieur du bataillon pour recevoir ses ordres.

Les Tambours de chaque bataillon se placeront sur un ou deux rangs sur le flanc de la colonne, à hauteur du second peloton; & lorsque le terrein ne leur permettra pas d'y marcher, ils se placeront dans la colonne, entre le second & le troisième peloton.

On marchera en colonne de trois manières : savoir, à distances entières, à demi-distances, & en ordre serré, ou (ce qui est la même chose) en masse.

Lorsqu'on marchera à distances entières, l'Officier qui sera à la tête de chaque division, observera de ne pas laisser plus de distance du premier rang de sa troupe, au premier rang de celle qui la précédera, qu'il n'en faudra à cette troupe pour se mettre en bataille, ou la moitié seulement, si les distances ne doivent être que demi-ouvertes.

Lorsqu'on marchera en *ordre serré*, on n'observera qu'un pas environ du premier rang d'une division, au troisième rang de celle qui précédera, les Officiers de la tête de chaque troupe se plaçant alors sur le flanc gauche, & les serre-file sur le flanc droit de leur troupe.

Si les divisions sont en colonne pour manœuvrer, les rangs resteront serrés, & n'observeront pendant la marche que dix-huit pouces de distance au plus; mais au mot *halte*, les second & troisième rangs alongerent le dernier pas pour se resserrer à douze pouces, ainsi qu'il est prescrit ci-devant.

Si l'on avoit beaucoup de chemin à faire en colonne, on feroit ouvrir les rangs à deux pas de distance pour que le Soldat marche avec plus d'aisance; & pour cet effet, si le front des divisions est assez étendu pour que les rangs puissent s'ouvrir ainsi sans alonger la colonne, le premier rang de toutes les divisions s'ébranlera en même temps, puis le second & ensuite le troisième : mais si le front des divisions ne permet pas d'ouvrir les rangs à deux pas de distance, sans alonger la colonne, la première division se mettra en mouvement seule successivement par rang, puis la seconde & ainsi des autres ; en observant qu'il n'y ait alors que deux pas de distance entre l'Officier qui sera à la tête d'une division, & les serre-file de celle qui la précèdera.

Les files des ailes de la colonne seront toujours alignées par la droite ou par la gauche, sur la direction de celle de la division de la tête de la colonne, vers le côté par lequel on aura tourné en dernier lieu en marchant, ou qu'on devra se mettre en bataille.

Ces mêmes files qui n'auront d'autre attention que de bien marcher à leur direction, & à ne laisser qu'un pas de distance du premier rang de la division à l'Officier qui marchera à la tête, serviront chacune de guide à leur rang pour être aligné, soit par la droite ou par la gauche.

Si l'on marche en colonne sur un front de plus d'un demi-bataillon, chaque division de la colonne s'alignera sur le centre ; mais les Soldats auront dans tous les cas l'attention de ne point se serrer ni se séparer de leur guide qui ne doit jamais quitter sa direction.

Lorsqu'on marchera obliquement, tous les Soldats regarderont du côté vers lequel ils dirigeront leur marche.

Toutes les fois qu'on défilera en colonne pour une revue, les Soldats regarderont pour ce moment du côté de la personne devant laquelle on passera.

Lorsqu'en marchant il se trouvera quelqu'empêchement qui ne permettra pas au front de la colonne de passer en entier, l'Officier commandant la première division fera serrer les rangs s'ils sont ouverts : les Soldats de la gauche de cette division qui ne pourront pas marcher devant eux, feront *à droite* pour doubler par le pas de flanc derrière la partie de leur division qui se sera portée en avant, & se remettront *face en tête* pour ensuite passer & se reformer par les mouvemens contraires.

La même chose s'observera par les Soldats de la droite, si le défilé est à gauche, en exécutant les mouvemens contraires.

Cette manœuvre ne se commencera dans chaque division que tout près du défilé, & les parties de divisions qui auront doublé, se reformeront légèrement, afin qu'il n'y ait aucun retard à la marche de celles qui les suivront.

La première division après avoir passé le défilé & s'être portée en avant d'environ dix ou douze pas, ralentira sa marche, pour donner le temps à la partie qui aura dédoublé le front, de doubler au commandement de l'Officier : elle prendra ensuite le pas ordinaire que toutes les autres divisions prendront successivement en ouvrant les rangs à la demi-distance, s'ils l'étoient auparavant.

Quand on voudra former le régiment en bataille, le Commandant fera les commandemens pour serrer les rangs s'ils sont ouverts, & les Tambours sortiront de la colonne s'ils y sont, pour se placer sur le flanc : si la colonne occupe alors plus de terrein que le régiment n'en doit avoir étant formé, la première division fera *halte* ou ralentira son pas au commandement qui en sera fait, tandis que les autres se serreront sur elle au pas redoublé jusqu'à ce qu'elles soient arrivées à la distance qui sera désignée par le Commandant ; après quoi elles marcheront avec elle le petit pas ou feront *halte* si elle est *arrêtée* : quand la dernière division aura fini de serrer, on commandera, *marche* ; à ce commandement, toutes les divisions se mettront en mouvement à la fois pour marcher le pas ordinaire.

On fera ensuite les commandemens nécessaires pour

mettre la colonne en bataille ainſi qu'on le jugera à propos, en ſe conformant à ce qui eſt preſcrit à cet égard au *titre des Évolutions*.

CHAPITRE 3.

De la marche en bataille.

LORSQU'UN régiment marchera en bataille, il portera ſes armes & marchera le pas ordinaire les rangs ſerrés, les tambours battant *aux champs*.

Quand on fera le commandement de marcher au pas redoublé, les Tambours battront *la charge ;* mais on ne fera *haut les armes* ou *baïonnette en avant*, qu'au commandement qui en ſera fait à quinze pas de l'ennemi, pour le charger à l'arme blanche, & alors les derniers rangs ſe ſerreront entièrement ſur le premier.

Lorſqu'on marchera ainſi en bataille, toutes les têtes du demi-bataillon de la droite, regarderont à gauche, & toutes celles du demi-bataillon de la gauche regarderont à droite, pour prendre le point de vue ſur le centre, marchant carrément devant ſoi.

La file de la gauche du premier bataillon & la file de la droite du ſecond bataillon, auront attention d'obſerver de concert enſemble, l'intervalle qu'il doit y avoir d'un bataillon à l'autre, en ſoutenant leur rang ſi l'intervalle ſe rétréciſſoit, ou en abandonnant leur rang plutôt que leur direction s'il s'élargiſſoit.

Lorſque pluſieurs bataillons marcheront enſemble en ligne, la file gauche de tous les bataillons de la droite de la ligne ſera chargée d'obſerver ſeule l'intervalle de ſon bataillon à celui qui ſera à ſa gauche, & la file droite de tous les bataillons de la gauche ſera de même chargée d'obſerver ſeule l'intervalle de ſon bataillon à celui qui ſera à ſa droite, en ſe conformant à ce qui vient d'être preſcrit pour chacune des files du centre.

Les

Les Soldats des bataillons de la droite de la ligne, auront pour principe, lorsque les files feront trop ouvertes, de les refferrer fur leur gauche, de même que lorfqu'elles feront trop ferrées, ils les ouvriront du côté oppofé.

Les Soldats des bataillons de la gauche de la ligne, obferveront les mêmes principes par les moyens contraires.

Pour faciliter l'alignement, on fera fortir de chaque bataillon quatre bas Officiers qui marcheront à quatre pas en avant du centre de leur bataillon, à la tête defquels fe placera l'Officier fupérieur du bataillon pour marcher à deux pas en avant.

Si le centre de la ligne fe trouve être un intervalle, on établira de même en avant de cet intervalle, quatre bas Officiers, à la tête defquels marchera un Officier fupérieur qui fervira de bafe à l'alignement général, & qui prendra fon point de direction pour marcher bien carrément & d'un pas égal.

Tous les autres Officiers & bas Officiers qui marcheront en avant du centre de chaque bataillon, s'aligneront fur l'Officier fupérieur & les bas Officiers du centre de la ligne.

Les Officiers qui feront fur les ailes des bataillons, s'avanceront au commandement *marche*, quatre pas en avant du premier rang, ils feront remplacés au premier rang par les Sergens du fecond rang, & ils auront attention de marcher bien droit devant eux, & de fe régler fur les bas Officiers du centre; ces Officiers & bas Officiers devant tous fervir d'alignement au bataillon.

Par ce principe, chaque bataillon aura pour bafe d'alignement, l'Officier & les quatre hommes qui marcheront en avant du centre, & pour bafe de direction, la file gauche ou droite du bataillon qui fera chargée d'obferver l'intervalle; c'eft à quoi les Officiers-majors veilleront en parcourant continuellement la queue de leur bataillon de la droite à la gauche, pour donner les inftructions néceffaires aux Soldats, mais en obfervant de leur parler à voix baffe.

S'il arrivoit en marchant fur un grand front, que les files fe ferraffent infenfiblement & au point de déranger l'ordre de bataille, on feroit refter en arrière la division qui fe trouveroit la plus ferrée, & elle reprendroit enfuite fa place par file, à mefure qu'on lui feroit jour.

Lorfqu'en marchant en bataille, il fe trouvera quelqu'empêchement, qui ne permettra pas à une ou à plufieurs parties d'un bataillon, de paffer, la partie qui fe trouvera arrêtée fera *à droite* & *à gauche* par homme, pour longer fur chaque côté du terrein qui fera obftacle, & chaque file après avoir fait *face en tête*, ira fucceffivement au pas de courfe rejoindre la partie de laquelle elle aura été féparée.

On exercera chaque régiment à marcher le pas redoublé jufqu'à quatre ou cinq cents pas de fuite dans toutes fortes de terreins.

CHAPITRE 4.
De la Marche de Converfion.

LES quarts de converfion qui devront fe faire enfemble par toutes les divifions d'une ligne, foit pour fe mettre en colonne, foit en colonne pour fe mettre en bataille, s'exécuteront toujours à rangs ferrés & le plus carrément qu'il fera poffible, fans que le pivot perde de terrein.

Il faut pour l'exécution de cette manœuvre que tous les Officiers & les Soldats fe mettent en mouvement enfemble, qu'ils aient les yeux fur l'Officier placé à l'aile qui devra tourner; qu'ils règlent leur marche fur la fienne, de manière qu'ils lèvent chaque pied en même temps & autant de fois que lui, & qu'ils ne gagnent à chaque pas ni plus ni moins de terrein qu'il fera néceffaire pour fe tenir à même hauteur, relativement au pivot fur lequel ils donneront souvent un coup-d'œil pour s'y aligner & ne point s'en séparer.

Le quart de conversion achevé, toute la troupe retournera brusquement la tête du côté où elle devra s'aligner au commandement qui en sera fait.

A l'égard des quarts de conversion qui devront se faire successivement en colonne, on pourra les exécuter à rangs demi-ouverts, comme à rangs serrés, & sans rien déranger à l'ordre de marche des divisions, telles distances qu'elles puissent observer entr'elles.

Pour exécuter successivement le quart de conversion par peloton, marchant à la distance entière & à rangs demi-ouverts; il faut que le pivot de chaque rang à mesure qu'il commencera son quart de conversion, parcoure un quart de cercle de trois pieds environ, formé sur une augmentation de rayon ou prolongement du front de la troupe, de deux pieds environ.

L'aile du premier rang du premier peloton, partant au pas redoublé de son alignement pour commencer son quart de conversion, parcourra huit pieds, tandis que le second rang en parcourra quatre au pas ordinaire, pour arriver sur l'alignement (d'où sera parti le premier rang) où il devra commencer son quart de conversion, & successivement le troisième rang; observant alors huit pieds de distance entre les rangs du côté de l'aile, & les pivots se serrant successivement l'un sur l'autre.

Le premier rang ayant achevé son mouvement, se portera en avant au pas ordinaire, & parcourra quatre pieds, tandis que le second achèvera son mouvement, & prendra ensuite le pas ordinaire pour marcher à sa distance, & successivement le troisième rang & les pelotons suivans, qui observeront la même règle.

Pour exécuter successivement le quart de conversion par demi-peloton ou division, marchant à la distance entière

& à rangs ferrés, il faut que le pivot de chaque division qui tournera, parcoure un quart de cercle de quatre pieds, formé fur une augmentation de rayon, ou prolongement du front de la troupe, de deux pieds & demi environ.

La première division partant de fon alignement pour commencer fon quart de converfion, l'aile marchant le pas redoublé, achèvera fon mouvement avant que la division fuivante arrive fur l'alignement d'où la première fera partie; au moyen de quoi elle ne fe trouvera point gênée par la première, & ne gênera point celle qui la fuivra.

Pour exécuter fucceffivement le quart de converfion par peloton marchant à demi-diftance, fans rien déranger à leur ordre de marche.

Il faut que le pivot de chaque peloton, parcoure un quart de cercle de neuf pieds, formé de même fur une augmentation de rayon ou prolongement du front de la troupe, de fix pieds.

Le premier peloton partant de fon alignement, pour commencer fon quart de converfion, l'aile marchant le pas redoublé, aura fait fon mouvement à moitié, lorfque le fecond peloton arrivera fur l'alignement d'où le premier fera parti; & le fecond peloton commençant alors le fien, fe trouvera avoir fait moitié du quart de converfion, lorfque le premier achèvera le fien, & que le troifième peloton le commencera; par ce moyen, il fe trouvera toujours deux pelotons fur le même quart de cercle, fans que l'un puiffe gêner ni retarder l'autre, & fans que les diftances foient altérées.

On pourroit de même changer la direction d'une colonne marchant en ordre ferré, fans rien déranger à fon ordre de marche, en fuivant le même principe, & en faifant parcourir aux pivots des divifions ou pelotons, un quart de cercle affez grand pour qu'il fe trouve fur le

même

même quart de cercle, la quantité de divisions nécessaires relativement au front de la colonne.

Lorsqu'on voudra exécuter le quart de conversion successivement par pelotons marchant à la distance entière, sans que l'aile de chaque peloton qui tournera, aille plus vîte que le pas ordinaire, on fera parcourir au pivot de chaque peloton un quart de cercle de neuf pieds, formé sur une augmentation de rayon ou prolongement du front de la troupe, de six pieds.

Le premier peloton partant de son alignement, pour commencer son quart de conversion, l'aura fait à moitié lorsque le second peloton arrivera sur l'alignement d'où le premier sera parti ; le second peloton commençant alors son quart de conversion, se trouvera l'avoir fait à moitié lorsque le premier peloton achèvera le sien, & que le troisième le commencera ; par ce moyen il y aura toujours deux pelotons sur le même quart de cercle.

TITRE II.

Des Manœuvres de détail.

CHAPITRE 1.er

OUVRIR ET SERRER LES RANGS.

Lorsqu'un régiment sera en bataille à rangs serrés, & qu'on voudra les faire ouvrir en avant, on commandera :

1.

Attention.

2.

à deux ou à quatre } *pas, ouvrez les rangs.*

3.

Marche.

Le dernier rang ne bougera ; le premier rang partira

seul, marchant le pas ordinaire, & s'arrêtera après avoir
fait quatre (*ou* huit) pas ; le second rang partira au troisième (*ou* au cinquième) pas du premier rang, & s'arrêtera
après avoir fait le nombre de pas qui aura été ordonné.

POUR FAIRE OUVRIR LES RANGS EN ARRIÈRE.

On commandera :

1.

Attention.

2.

A quatre
ou   } *pas, ouvrez les rangs en arrière.*
à huit

3.

Marche.

Le premier rang ne bougera ; le second & le troisième
rangs partiront seuls, marchant le pas en arrière, & s'arrêteront, savoir, le second rang après avoir fait quatre (*ou* huit)
pas, & le troisième rang après en avoir fait huit (*ou* seize),
la longueur du pas en arrière étant déterminée à un pied.

POUR SERRER LES RANGS.

On commandera :

1.

Attention.

2.

Serrez les rangs en avant.

3.

Marche.

Le premier rang ne bougera ; les deux derniers rangs
marcheront en avant au pas redoublé pour se serrer sur le
premier.

CHAPITRE 2.

DES À DROITE, DES À GAUCHE
ET DES DEMI-TOURS À DROITE PAR FILE.

ON commandera:

1.

Attention.

2.

À droite.

En deux temps:

Au premier, on tournera sur les deux talons, élevant un peu les pointes des pieds, la tête restant fixée sur l'homme d'aile.

Au deuxième, on élèvera un peu le pied droit, pour le placer à côté du gauche, en le frappant contre terre.

Lorsqu'on exécutera ce mouvement en marchant, on tournera à droite sur le talon gauche, en posant le pied à terre, & on repartira en avant de la jambe droite.

3.

À gauche (ou front).

En deux temps:

Au premier, on se remettra en tournant de même sur les deux talons pour faire *face en tête.*

Au second, comme ci-dessus.

Si c'est en marchant, on tournera à gauche sur le talon droit, en posant le pied à terre, & on repartira en avant, de la jambe gauche.

On observera dans l'un & l'autre cas, en marchant, d'achever le pas de la jambe opposée à celle dont on devra partir pour exécuter ce mouvement.

1.

Attention.

Demi-tour à droite.

En trois temps :

Au premier, on portera le pied droit à six pouces environ en arrière, la boucle du pied droit se trouvant vis-à-vis le talon gauche, sans tourner le corps ni faire d'autre mouvement que celui de porter la main droite à la giberne, la saisissant par le coin, pour la contenir en tournant.

Au deuxième, on tournera sur les deux talons, élevant un peu la pointe des pieds, pour faire face du côté opposé, la tête restant à droite pour fixer l'homme d'aile derrière la gauche devenue la droite, & serrant bien la crosse avec la main gauche, pour que le fusil ne fasse aucun mouvement en tournant.

Au troisième, on replacera le pied droit à côté du gauche, en le frappant contre terre, & la main droite quittant la giberne, se replacera sur le côté.

Le *demi-tour à droite* en marchant, s'exécutera de même en trois temps, qui seront marqués en faisant deux petits pas sous soi, & le troisième en repartant en avant, le tout de la même vitesse (*ou* mesure) dont la troupe aura été précédemment.

Il se commencera de la jambe gauche, observant de tourner le pied en dedans, pour le croiser devant la jambe droite, & le poser à terre, en tournant le corps à droite, pour le premier temps.

Au deuxième, on fera un second *à droite*, en faisant de même un pas sous soi, de la jambe droite.

Au troisième, on partira en avant, de la jambe gauche, ou l'on assemblera si on fait le commandement *halte*.

Pour faire *face en tête*, on commandera *front*, au lieu de *demi-tour à droite*.

On observera de même, pour commencer ce mouvement, en marchant, d'achever le pas qui sera commencé après le commandement, ainsi qu'il a déjà été prescrit, pour passer d'un pas à un autre.

CHAPITRE 3.

CHAPITRE 3.

DOUBLER ET DÉDOUBLER LES FILES.

POUR augmenter la profondeur des bataillons en diminuant leur front, on le fera de deux manières, en avant
& sur le même alignement.

POUR DOUBLER LES FILES
SUR LE MÊME ALIGNEMENT.

On commandera :

1.

Attention, pour doubler les files par division.

2.

Marche.

Toutes les divisions paires, à l'exception de la compagnie
de Grenadiers, feront cinq pas en arrière; après quoi on
commandera.

3.

A droite & à gauche.

4.

Marche.

Au troisième commandement, les Grenadiers & le
bataillon de la droite, feront *à gauche*, & le bataillon de
la gauche fera *à droite*, à l'exception des deux divisions
du centre du régiment, qui ne bougeront : au quatrième
commandement, toutes les autres divisions se mettront
en mouvement, marchant le pas de flanc, pour doubler
sur leurs seconde & première divisions.

A mesure que les divisions arriveront sur le centre du
régiment, le Commandant de chaque division, commandera *halte, front aligné*, & toute la division fera *halte,
face en tête*, & s'alignera vivement.

POUR DÉDOUBLER LES DIVISIONS.

On commandera :

I.

Attention, pour dédoubler les divisions.

2.

A droite & à gauche.

3.

Marche.

Au deuxième commandement, les Grenadiers & le bataillon de la droite feront *à droite*, & le bataillon de la gauche fera *à gauche* ; à l'exception des deux divisions du centre du régiment qui ne bougeront.

Au troisième commandement, toutes les autres divisions marcheront le pas de flanc. Dès que la file gauche de la première division du quatrième peloton du premier bataillon, aura dépassé la file droite de sa seconde division, & que la file droite de la seconde division du premier peloton du second bataillon, aura dépassé la file gauche de sa première division, les Officiers de ces deux divisions, leur commanderont *halte, front aligné* ; la seconde division du premier peloton du second bataillon ayant fait *front*, se portera vivement en avant, ainsi que la seconde division du quatrième peloton du premier bataillon, pour s'aligner vivement sur le centre, ce qui s'exécutera successivement de même par toutes les autres divisions des premier & second bataillons ; les Grenadiers s'arrêtant pour faire *front* en même temps que la première division.

Dans le cas où il y auroit des Grenadiers placés à la gauche du second bataillon, ils suivroient, pour cette manœuvre, les mouvemens de la seconde division du quatrième peloton de leur bataillon.

Lorsqu'on voudra doubler les divisions en marchant, on commandera :

I.

Attention, pour doubler les divisions en avant.

2.

Marche.

Toutes les divisions impaires se porteront en avant,
ainsi que la compagnie de Grenadiers, ou si la troupe est
en mouvement, les divisions paires ralentiront leur pas,
jusqu'à ce qu'elles soient dépassées par les premières; les
deux divisions du centre du régiment, continueront de
marcher directement en avant, & toutes les autres les
joindront en marchant le pas oblique.

POUR DÉDOUBLER LES DIVISIONS.

On commandera :

1.

Attention, pour dédoubler les divisions en avant.

2.

Marche.

Les deux divisions du centre du régiment, marcheront
directement en avant, & toutes les autres divisions, ainsi
que les Grenadiers marcheront le pas oblique, vers les
ailes du régiment; dès que la file gauche de la première
division du quatrième peloton du premier bataillon, aura
dépassé la file droite de sa seconde division, & que la
file droite de la seconde division du premier peloton du
second bataillon, aura dépassé la file gauche de sa première division, les Officiers de ces deux divisions, leur
commanderont *en avant;* alors ces deux divisions cesseront
le pas oblique, pour marcher directement en avant; l'Officier de la seconde division du quatrième peloton du
premier bataillon, & celui de la seconde division du premier
peloton du second bataillon, commanderont aussitôt *alignez;*
alors ces deux divisions se porteront vivement en avant
sur l'alignement de leur première ligne, ce qui s'exécutera
successivement de même par toutes les divisions de seconde
ligne; les Grenadiers cessant le pas oblique en même temps
que la première division du premier peloton.

Lorsqu'on voudra observer les intervalles entre chaque
peloton, en doublant les divisions, on en fera mention
dans le commandement; alors les premières divisions de

'chaque peloton, ne changeront point de direction, &
les secondes divisions doubleront derrière elles.

Lorsqu'ensuite on voudra dédoubler les divisions, on
exécutera les mouvemens contraires.

CHAPITRE 4.

BORDER LA HAIE.

Pour border la haie par compagnie, sans rien déranger
à la formation des divisions, on fera mettre les bataillons
en colonne par compagnie, après quoi on commandera :

1.

Attention pour border la haie.

2.

A droite & à gauche.

3.

Marche.

4.

Front.

5.

Alignez.

Au deuxième commandement, le troisième rang de la
première division & le premier rang de la seconde ne
bougeront. Le premier & le second rang de la première
division feront *à droite*, & les second & troisième rangs de
la seconde division feront *à gauche*.

Au troisième commandement, ces mêmes rangs marcheront le pas de flanc vers les ailes, & s'arrêteront successivement à mesure qu'ils se seront dépassés.

Au quatrième commandement, ils feront *face en tête.*

Au cinquième commandement, les second & troisième
rangs de chaque division, se porteront en avant sur l'alignement du premier.

Lorsqu'ensuite on voudra remettre les divisions sur trois
rangs, on commandera :

1. *Attention,*

1.

Attention , pour vous mettre en bataille.

2.

Marche.

3.

A droite & à gauche.

4.

Marche.

5.

Front.

Au deuxième commandement, le troisième rang de chaque division ne bougera; les premier & second rangs se porteront en avant ; savoir, le second rang un pas , & le premier rang deux pas.

Au troisième commandement, le troisième rang de la première division & le premier rang de la seconde, ne bougeront , les premier & second rangs de la première division feront *à gauche ,* & les second & troisième rangs de la seconde division feront *à droite.*

Au quatrième commandement, ces mêmes rangs marcheront le pas de flanc sur le centre pour doubler sur leurs dernier & premier rangs.

Au cinquième commandement, ils feront *face en tête.*

On fera ensuite les commandemens nécessaires pour reformer les bataillons.

Q

TITRE 12.

DES ÉVOLUTIONS.

CHAPITRE 1.ᵉʳ

*Des différentes manières de rompre un régiment,
ou de le mettre en colonne.*

ARTICLE 1.ᵉʳ

ROMPRE UN RÉGIMENT EN AVANT,
ou *LE FORMER EN COLONNE.*

LE régiment étant en bataille, on fera les commandemens suivans:

I.

Attention.

2.

Demi-bataillon, ⎫ *rompez en avant,*
    Peloton, ⎪   ou
    Division, ⎬ *formez la colonne en avant.*
Quart de rang, ⎭

3.

Marche.

Si l'on a commandé de *rompre*, le demi-bataillon, le peloton, la division ou le quart de rang de la droite du régiment, se portera en avant, tandis que les autres feront un *demi-quart de conversion à droite*, pour se porter diagonalement sur la direction de la première division, où en arrivant ils feront successivement un *demi-quart de conversion à gauche* pour prendre leur rang dans la colonne.

Si l'on a commandé de former la *colonne*, la première division se portera de même en avant, & les autres divisions feront un *quart de conversion à droite*, pour se porter sur le terrein qu'occupoit la première division ; à mesure qu'elles arriveront à sa hauteur, elles feront successivement un *quart de converſion à gauche ,* au ſeul commandement *marche* que fera l'Officier ,pour enſuite marcher ſur ſa direction.

Il ſera toujours ſouſentendu que la droite ouvrira la marche, quoiqu'il n'en ſoit pas fait mention dans le commandement; mais lorſqu'on voudra marcher par la gauche, par le centre, ou former deux colonnes, on en fera l'avertiſſement dans le commandement: alors on ſe rompra, ou l'on formera une ou deux colonnes en ſuivant les mêmes principes que ci-deſſus.

ARTICLE 2.

AUTRE MANIÈRE DE FORMER UN RÉGIMENT EN COLONNE.

LORSQU'ON voudra former un régiment en colonne de pied-ferme, pour le raſſembler en ordre ſerré ou en maſſe, on fera les commandemens ſuivans:

1.

Attention.

2.

Pelotons , en avant par échelons pour former la colonne.

3.

Marche.

La compagnie de Grenadiers ſe mettra en mouvement & marchera directement en avant ; au moment où cette compagnie achèvera le troiſième pas, l'Officier du premier peloton du premier bataillon commandera *marche ,* & lorſque cette diviſion ou peloton achèvera le troiſième pas, l'Officier du ſecond peloton commandera *marche ,* & ainſi ſucceſſivement des autres de la droite à la gauche.

Dès que le troiſième peloton du ſecond bataillon fera le quatrième pas, le Commandant du régiment commandera:

4.

Halte.

5.

$$\left.\begin{array}{l}\text{à \textit{droite}} \\ \text{ou} \\ \text{à \textit{gauche},}\end{array}\right\}$$ *formez la colonne.*

6.

Marche.

Si on a commandé *à droite*, le premier peloton du premier bataillon ne bougera.

Le quatrième peloton du second bataillon sera *à droite*, & se portera en avant : dès qu'il arrivera derrière & à hauteur de la file droite du troisième peloton, celui-ci sera *à droite* au commandement de l'Officier, pour marcher ensuite en avant avec le quatrième, ce qui sera exécuté successivement par tous les autres pelotons, à mesure que ceux qui seront à leur gauche, se reploieront, & seront arrivés derrière & à hauteur de leur file droite, pour se porter & arriver tous ensemble derrière & à hauteur du premier peloton, où ils feront *halte*, *face en tête* par un *à gauche*, & s'aligneront au commandement qui en sera fait.

Si on a commandé *à gauche*, ce sera le quatrième peloton du second bataillon qui ne bougera, & tous les autres feront successivement *à gauche*, pour se reployer en colonne en avant les uns des autres, & arriver jusque sur la direction du quatrième peloton qui n'aura point bougé, en se conformant aux mêmes principes que ci-dessus.

Si au contraire on veut former la colonne sur la direction du centre, on fera l'avertissement, *que tel peloton ne bouge :* on commandera ensuite, *à droite & à gauche, formez la colonne sur le centre ;* alors le peloton qui aura été dénommé, ne bougera : tous ceux de sa droite, viendront par le pas de flanc se former en avant de lui, & tous ceux de sa gauche se formeront derrière & sur la même direction, en se conformant de même aux principes ci-dessus.

Lorsqu'on voudra se mettre en colonne sur la direction du centre, on pourra, pour accélérer le mouvement, faire faire *demi-tour à droite* par file au second bataillon, pour prendre ses distances en arrière par échelon, tandis que le premier bataillon les prendra en avant, après quoi on formera la colonne comme il vient d'être prescrit ci-dessus,

avec

avec cette différence, que tous les pelotons feront fucceſſivement *à gauche.*

Si au lieu de prendre des diſtances pour fe former en
colonne, comme il vient d'être prefcrit, on veut fe reployer
tout de fuite fans aucune préparation, on fera l'avertif-
ſement, *que tel peloton ne bouge ;* on commandera enſuite :

1.

A droite ou *à gauche.*

ou

A droite & à gauche.

2.

Par peloton, formez la colonne.

3.

Marche.

Si c'eſt *à droite,* le premier peloton du premier bataillon
qui aura été averti, ne bougera ; tous les autres pelotons
feront *à droite,* & marcheront diagonalement, dégageant
leur tête du peloton qui les précédera, pour fe porter par
le chemin le plus court, derrière & fur la direction du
peloton qui n'aura pas bougé, ou en arrivant ils feront
fucceſſivement *halte, face en tête,* & s'aligneront au commandement de leur Officier.

Si on a commandé *à gauche,* les pelotons de la droite
fe porteront en avant du peloton de la gauche ; ou ſi l'on
a commandé *à droite & à gauche,* ceux de la droite fe porteront en avant & ceux de la gauche en arrière du peloton
du centre qui n'aura pas bougé.

A R T I C L E   3.

ROMPRE UN RÉGIMENT PAR QUART DE CONVERSION.

Si au lieu de rompre le régiment pour le mettre en
colonne en avant, on veut le mettre en colonne pour
marcher vers la droite ou vers la gauche, on commandera :

1.

Attention.

2.

Demi-bataillon,
Peloton,
Division,
Quart de rang,
} *quart de conversion à droite* ou *à gauche.*

3.

Marche.

La droite de chaque division quelconque soutiendra, &
la gauche marchera; ou si c'est *à gauche*, la gauche soutiendra & la droite marchera.

ARTICLE 4.

ROMPRE UN RÉGIMENT SUCCESSIVEMENT.

LORSQU'UN régiment devra se rompre par la droite
pour marcher vers la gauche, ou par la gauche pour
marcher vers la droite, on commandera :

1.

Attention.

2.

Peloton ou *division,*
de droite ou *de gauche,*
} *Rompez en avant pour marcher*
vers la gauche ou *vers la droite.*

3.

Marche.

La division de la droite ou de la gauche, par laquelle
il aura été ordonné de se rompre, marchera en avant, jusqu'à
la distance qui lui sera désignée, & sera ensuite *un quart de
conversion à gauche* (ou *à droite*), pour passer devant le front
du régiment; lorsque cette première division aura dépassé
la seconde, celle-ci se mettra en mouvement au commandement de l'Officier, pour marcher en avant jusqu'à la
même hauteur que la première, & faire comme elle *un
quart de conversion,* pour prendre rang dans la colonne, &
ainsi des autres.

De telle manière dont on rompe un régiment, les

Grenadiers formeront leur division particulière, à la tête de la colonne, ou à la queue, si l'on marchoit en colonne renversée.

CHAPITRE 2.

AUGMENTER ou DIMINUER LE FRONT
D'UNE COLONNE.

ARTICLE 1.er

DOUBLER LE FRONT.

Lorsqu'on voudra augmenter le front d'une colonne, on commandera :

1.

Attention.

2.

Doublez le front de la colonne.

3.

Marche.

Toutes les divisions impaires ralentiront leur pas, & toutes les divisions paires marcheront le pas oblique à gauche, jusqu'à ce qu'elles aient dépassé les premières ; après quoi elles se porteront en avant, au commandement de l'Officier, pour se joindre aux divisions impaires, & marcher ensuite avec elles sur le même alignement.

ARTICLE 2.

DÉDOUBLER LE FRONT.

Si l'on veut ensuite diminuer le front de la colonne, on commandera :

1.

Attention.

2.

Dédoublez le front de la colonne.

3.

Marche.

Les divisions impaires qui seront à la droite, continueront de marcher le même pas, & les divisions paires qui auront doublé le front, ralentiront leur pas, jusqu'à ce que le troisième rang des divisions impaires, les ait dépassé; alors elles marcheront le pas oblique à droite, pour rentrer dans la colonne, & marcher ensuite en avant au commandement de l'Officier; mais elles ne reprendront le pas ordinaire qu'après avoir pris leur distance.

Cet ordre sera renversé, soit pour doubler, soit pour dédoubler, lorsqu'on marchera par la gauche.

CHAPITRE 3.

CHANGEMENS DE DIRECTION EN COLONNE.

ARTICLE 1.er

DIRIGER LA TÊTE D'UNE COLONNE
À DROITE ou À GAUCHE.

Lorsqu'on voudra diriger une colonne vers la droite ou vers la gauche, on commandera:

1.

Attention.

2.

Tête de la colonne { *à droite* ou *à gauche*, ou *demi à droite* ou *demi à gauche.*

3.

Marche.

La première division de la colonne fera *un quart* ou *un demi-quart de conversion* à droite ou à gauche, & sera suivie par toutes les autres divisions, qui feront successivement leur *quart* ou *demi-quart de conversion* au seul commandement *marche* que leur fera l'Officier, & en se conformant à ce qui est prescrit ci-devant *Titre 10, chapitre 4,* concernant le *quart de conversion en colonne.*

ARTICLE 2.

ARTICLE 2.

MARCHER PAR LE FLANC DE LA COLONNE.

QUAND on voudra porter une colonne tout ensemble vers le flanc droit ou vers le flanc gauche, on commandera :

1.

Attention.

2.

A droite ou *à gauche.*

Toutes les divisions feront *à droite* ou *à gauche* par homme, & marcheront le *pas de flanc.*

Lorsqu'on voudra reformer la colonne, on commandera :

1.

Attention.

2.

Front.

Toutes les divisions ayant fait *front*, continueront de marcher en colonne.

ARTICLE 3.

MARCHER EN COLONNE INDIRECTE ou *BRISÉE.*

SI l'on veut porter la colonne toute ensemble diagonalement vers la droite ou vers la gauche, on fera serrer les rangs s'ils sont ouverts, ou on fera faire *halte*, après quoi on commandera :

1.

Attention.

2.

Division, } *demi-quart de conversion.*
Péloton, } *à droite* ou *à gauche.*

3.

Marche.

Toutes les divisions de la colonne feront *un demi-quart*

de conversion, après lequel elles se porteront directement en avant ; mais si l'on avoit fait *halte*, elles ne se porteroient ensuite en avant qu'au commandement *marche*.

Lorsque la colonne sera arrivée dans cet ordre sur le terrein où on aura voulu la porter, on commandera :

1.

Attention.

2.

Formez la colonne.

3.

Marche.

Chaque division fera un *demi-quart de conversion* pour former la colonne qui se portera alors directement en avant.

ARTICLE 4.

DE LA MARCHE DE CONVERSION,
PAR LE FLANC DE LA COLONNE.

QUAND on voudra changer la direction d'une colonne, marchant en ordre serré, sans que la première troupe dépasse le terrein qu'elle occupera, on fera faire *à droite* ou *à gauche*, par homme à toutes les divisions de la colonne, & ensuite un *quart de conversion*, par toute la colonne, qui se trouvera alors marcher par son flanc ; dès qu'en marchant ainsi, elle sera arrivée sur le point déterminé, on commandera *halte*, *front aligné*, pour ensuite se porter en avant, ou se former en bataille.

CHAPITRE 4.

DES DIFFÉRENTES MANIÈRES
DE DÉPLOYER UNE COLONNE POUR LA FORMER EN BATAILLE.

LORSQU'UN régiment marchera en colonne à distances ouvertes, & qu'on voudra le former en bataille, en tel sens que ce soit, on se conformera à ce qui suit :

ARTICLE 1.er

SE FORMER EN BATAILLE EN AVANT.

ON commandera :

1.

Attention.

2.

En bataille en avant.

3.

Marche.

La première division se portera trois pas en avant, fera *halte*, & s'alignera vivement ; les autres divisions feront en même temps un *demi-quart de conversion à gauche*, pour se porter en avant & se former successivement à la gauche les unes des autres sur l'alignement de la première, & s'aligner au commandement qui leur en sera fait.

ARTICLE 2.

AUTRE MANIÈRE DE SE FORMER EN AVANT.

LORSQUE le terrein ne permettra pas de se former en bataille, comme il vient d'être prescrit, on fera serrer toutes les divisions l'une sur l'autre pour former la colonne en masse ; on commandera ensuite :

1.

Attention.

2.

à gauche ⎫
ou ⎬ *en bataille en avant.*
à droite ⎭

3.

Marche.

Si c'est à gauche, la première division fera *halte*, & toutes les autres feront *à gauche* par homme, pour marcher le pas de flanc, se dirigeant tout de suite en diagonale sur le terrein qu'elles devront occuper ; à mesure que la tête de chaque division arrivera sur l'alignement de la première, l'Officier commandera *halte*, *front aligné*, & la division ayant fait front s'alignera vivement.

Si l'on marchoit en colonne renversée, on exécuteroit les mouvemens contraires pour se déployer de *gauche à droite*.

ARTICLE 3.

SE FORMER PAR LE CENTRE
SUR L'ALIGNEMENT DE LA TÊTE DE LA COLONNE.

QUAND on voudra se déployer par les ailes, on fera serrer la colonne en masse, & on commandera :

1.

Attention.

2.

Que la tête du second bataillon suive sa direction.

3.

A droite & à gauche en bataille en avant.

4.

Marche.

A ce commandement, toutes les divisions du premier bataillon feront *à droite*, & marcheront le pas de flanc, dès que le front de la division qui n'aura point bougé, sera dégagé, celle-ci se portera en avant au pas lent ; la derniere division du premier bataillon fera *front* dès qu'elle aura démasqué celle qui la suivoit, pour ensuite marcher en avant avec elle, & ainsi successivement de toutes les autres divisions du premier bataillon, qui feront *front* après avoir démasqué celle de leur droite, s'alignant successivement sur les divisions qui feront *front* les dernieres, & faisant *halte*, dès que la première division du premier bataillon aura fait *front* ; pendant ce temps les autres divisions de la queue de la colonne feront *à gauche*, & iront par le pas de flanc se former légèrement & successivement à la gauche & sur l'alignement de la première division du second bataillon qui n'aura point changé sa direction.

On pourra se former sur telle division de la colonne que

que l'on voudra, relativement au terrein qu'il fera néceffaire d'occuper.

ARTICLE 4.

SE FORMER DE PIED-FERME SUR L'ALIGNEMENT
DE L'UNE DES DIVISIONS DE LA COLONNE.

LORSQU'ON voudra fe déployer de pied-ferme fur l'alignement de telle divifion de la colonne qu'on jugera à propos, après avoir fait ferrer la colonne en maffe & lui avoir fait faire *halte*, on commandera:

1.

Attention.

2.

Que la tête du second bataillon ou *que tel peloton ou division ne bouge.*

3.

A droite & à gauche en bataille.

4.

Marche.

A ce commandement, la divifion qui aura été dénommée, ne bougera, toutes celles qui la précèderont feront *à droite* pour marcher le pas de flanc, fe dirigeant en diagonale fur l'alignement de la divifion qui n'aura pas bougé; & à mefure qu'elles y arriveront elles feront fucceffivement un fecond *à droite* pour s'y aligner, après quoi elles fe remettront *face en tête* par un *demi-tour à droite.*

Toutes les divifions qui feront derrière celle qui n'aura pas bougé, feront *à gauche* pour marcher le pas de flanc & fe former fucceffivement par un *à droite* fur fon alignement.

ARTICLE 5.

SE FORMER PAR QUART DE CONVERSION.

LORSQU'EN marchant à diftances ouvertes, on voudra fe former par un *quart de converfion*, on commandera:

T

I.

Attention.

2.

Quart de conversion $\left\{\begin{array}{c}\textit{à gauche} \\ \text{ou} \\ \textit{à droite.}\end{array}\right\}$ *en bataille.*

3.

Marche.

La droite ou la gauche de chaque division marchera, tandis que la gauche ou la droite soutiendra, & toutes les divisions s'aligneront au commandement qui en sera fait.

Si la nature du terrein obligeoit à exécuter cette conversion sur le centre, le demi-rang de la gauche ou de la droite de chaque division, feroit son *quart de conversion* en reculant, & l'autre en avançant.

ARTICLE 6.

SE FORMER SUCCESSIVEMENT SUR LA DROITE.

LORSQU'ON voudra former le régiment en bataille sur la droite, sans rien changer à son ordre naturel, on commandera :

I.

Attention.

2.

En bataille sur la droite.

3.

Marche.

La première division de la colonne fera un *quart de conversion à droite*, marchera six pas en avant & fera *halte* ; la seconde division continuera de marcher en avant, & dès qu'elle sera arrivée à hauteur de la gauche de la première, elle fera de même un *quart de conversion à droite* au commandement de l'Officier, & marchera ensuite en avant pour aller se former à la gauche de la première division,

sur laquelle elle s'alignera, ce qui sera répété successivement par toutes les autres divisions de la colonne.

Lorsqu'on marchera en colonne renversée, on se formera sur la gauche en suivant les mêmes règles qui viennent
d'être indiquées pour se former sur la droite.

ARTICLE 7.

SE FORMER OBLIQUEMENT EN AVANT.

QUAND on voudra former le régiment obl'quement
en bataille, par rapport à la direction qu'il aura étant en
colonne, on commandera :

I.

Attention.

2.

demi à gauche
ou } *en bataille en avant.*
demi à droite.

3.

Marche.

Toutes les divisions de la colonne feront un *demi-quart
de conversion à gauche (* ou *à droite)*, après lequel la première division fera *halte*, & toutes les autres divisions se
porteront ensuite en avant sur son alignement.

ARTICLE 8.

SE FORMER OBLIQUEMENT SUR L'ALIGNEMENT
DE L'UNE DES DIVISIONS DE LA COLONNE.

LORSQU'ON voudra se former obl'quement de pied
ferme sur l'alignement de l'une des divisions de la colonne,
après avoir fait faire à chaque division, un *demi-quart de
conversion à gauche*, on commandera :

I.

Attention pour vous mettre en bataille sur le centre.

2.

Que tel peloton (ou division) ne bouge.

3.

Premiers pelotons (ou divisions) demi-tour à droite, en bataille en avant.

4.

Marche.

La division qui aura été dénommée, ne bougera : toutes celles qui feront en avant d'elle, après avoir fait *demi-tour à droite*, se porteront en avant fur fon alignement, où en arrivant fucceffivement, elles feront *face en tête* par un fecond *demi-tour à droite*.

Toutes les divifions qui feront en arrière de celle qui n'aura pas bougé, fe porteront en même temps en avant, pour fe former fucceffivement à fa gauche & fur le même alignement.

ARTICLE 9.

SE FORMER EN BATAILLE EN ARRIÈRE.

QUAND un régiment fera en colonne, & qu'il fera néceffaire de le former en bataille en arrière, on fera les commandemens fuivans :

1.

Attention.

2.

En bataille en arrière.

3.

Marche.

La dernière divifion de la colonne, fera une *demi-converfion à gauche*, fe portera quatre pas en avant, & fera *halte ;* les autres divifions feront en même temps chacune un *quart & demi de converfion à gauche*, pour revenir diagonalement fe former fucceffivement à la droite les unes des autres, fe conformant d'ailleurs à ce qui a déjà été preferit ci-devant pour former un régiment en bataille en avant.

Dans le cas où le régiment marcheroit en colonne renverfée, & que la première divifion auroit la queue de la colonne, on exécuteroit cette manœuvre par des mouvemens contraires, puifqu'alors les divifions qui auroient la

tête

tête de la colonne, devroient se porter vers leur droite pour former le régiment dans son ordre naturel.

Lorsqu'on aura à se mettre en bataille sur un terrein plus reculé que celui qu'on occupera en colonne, on fera faire une *demi-conversion* à chaque division de la colonne, pour se porter sur le terrein qu'on voudra occuper, & se mettre ensuite en bataille en avant.

CHAPITRE 5.
DES CHANGEMENS DE FRONT.

POUR changer le front d'un régiment en bataille, on se conformera à ce qui suit.

ARTICLE Ier
CHANGER LE FRONT SUR LA DROITE
OU SUR LA GAUCHE.

ON commandera:

1.

Attention.

2.

Peloton, } *quart de conversion à droite (ou à gauche)*
Division, } *en bataille en avant.*

3.

Marche.

Si c'est *à droite*, la première division fera un *quart de conversion à droite*, & fera *halte :* les autres divisions feront en même temps un *demi-quart de conversion à droite*, pour se porter en avant, & se former successivement sur l'alignement de la première division.

Si c'est *à gauche*, on se conformera au même principe par des mouvemens contraires.

V

ARTICLE 2.

CHANGER LE FRONT OBLIQUEMENT
SUR LA DROITE ou SUR LA GAUCHE.

Si au lieu de faire entièrement *face* à l'un des flancs, on ne veut y faire *face* qu'obliquement, on commandera:

1.

Attention.

2.

Peloton, } *demi-quart de converſion à droite (ou à*
Diviſion, }   *gauche) en bataille en avant.*

3.

Marche.

Toutes les diviſions feront un *demi-quart de converſion à droite* ou *à gauche*, après lequel la diviſion de la tête fera *halte*, & toutes les autres diviſions ſe porteront enſuite en avant ſur ſon alignement.

Dans le cas où il ſeroit néceſſaire de changer de front ſans rompre l'ordre de bataille, on feroit faire à toute la ligne une *portion de converſion*, pour avancer la droite ou la gauche ſur le point déterminé.

ARTICLE 3.

RECULER L'UNE DES AILES.

POUR reculer l'une des ailes, on fera faire *demi-tour à droite* par homme; ce qui étant exécuté, on fera les mêmes commandemens que ci-deſſus, après quoi on commandera *front*.

ARTICLE 4.

CHANGER DE FRONT SUR LE CENTRE.

LORSQU'ON voudra changer de front ſur le centre, on commandera:

1.

Attention.

2.

$$\left.\begin{array}{l}\textit{Bataillon,}\\ \textit{ou}\\ \textit{demi-bataillon,}\end{array}\right\}\left\{\begin{array}{l}\textit{de droite,}\\ \textit{ou}\\ \textit{de gauche,}\end{array}\right\}\textit{ demi-tour à droite.}$$

3.

$$\left.\begin{array}{l}\textit{Division,}\\ \textit{ou}\\ \textit{Peloton,}\end{array}\right\}\left\{\begin{array}{l}\textit{quart de conversion,}\\ \textit{ou}\\ \textit{demi - quart de conversion,}\\ \textit{à droite, ou à gauche,}\end{array}\right\}\textit{ en bataille en avant.}$$

4.

Marche.

Au deuxième commandement, le bataillon *ou* demi-bataillon de la droite *ou* de la gauche, fera *demi-tour à droite* par homme.

Au quatrième commandement, les deux divisions ou pelotons du centre feront un *quart* ou *demi - quart de conversion*, après lequel elles feront *halte*, & s'aligneront l'une sur l'autre : toutes les autres divisions ou pelotons feront en même temps un *demi-quart de conversion*, pour se porter ensuite en avant & se former successivement à côté les unes des autres, sur l'alignement des deux divisions du centre, où en arrivant l'Officier de chacune des divisions qui aura fait *demi-tour à droite*, commandera *halte, front aligné*.

CHAPITRE 6.

CHANGEMENS DE POSITION.

QUAND on voudra changer la position d'un régiment en bataille, & le porter diagonalement ensemble vers la droite ou vers la gauche, on commandera :

1.

Attention.

2.

$$\left.\begin{array}{l}\textit{Division,}\\ \textit{Peloton, &c.}\end{array}\right\}\textit{ demi-quart de conversion à droite ou à gauche.}$$

3.

Marche.

Chaque division exécutera le *demi-quart de conversion*, s'il a été commencé de pied-ferme, le Commandant fera une seconde fois, le commandement *marche*, alors toute la ligne marchera diagonalement en avant, en ordre de bataille indirecte ou brisé, jufque fur le terrein où on voudra la porter, après quoi on commandera:

1.

Attention.

2.

Demi-quart de converfion en bataille.

3.

Marche.

Chaque divifion fe remettra en bataille, faifant *face en tête* par un *demi-quart de converfion.*

CHAPITRE 7.
DE L'ORDRE OBLIQUE PAR ÉCHELONS.

LORSQU'ÉTANT en bataille, on voudra difpofer chaque divifion quelconque, en avant l'une de l'autre, par échelons en ordre oblique, on fera les commandemens fuivans:

1.

Attention.

2.

Divifion,
Peloton, } *par échelons, formez l'ordre oblique.*
&c.

3.

Marche.

Au troifième commandement, les Grenadiers fe porteront directement en avant; la première divifion ou le premier peloton du premier bataillon, fe mettra en mouvement pour marcher auffi directement en avant, dès que les Grenadiers l'auront dépaffé d'un tiers de diftance environ; la feconde divifion quelconque obfervera la même règle par rapport à la première, & ainfi des autres qui fe mettront fucceffivement en mouvement.

On

On fera le commandement *halte*, fi on le juge à propos, au moment où la dernière divifion devra fe porter en avant.

Si on vouloit former l'ordre oblique en avant de la gauche, on en feroit mention dans le commandement, & l'on exécuteroit par la gauche ce qui vient d'être prefcrit par la droite.

Lorfqu'en marchant en colonne, on voudra former l'ordre oblique, on ne fera obferver qu'un tiers de diftance environ entre les divifions, après quoi on commandera :

1.

Attention.

2.

Sur la gauche \
ou } *par échelons, formez l'ordre oblique.* \
fur la droite

3.

Marche.

Si c'eft fur la gauche, la première divifion de la colonne continuera de marcher directement en avant, & toutes les autres divifions fe porteront à gauche par le pas oblique, pour dégager leur front de la divifion qui les précèdera, & marcher enfuite directement en avant.

Lorfqu'on voudra exécuter cette manœuvre, de pied-ferme, la première divifion de la colonne ne bougera ; toutes les autres divifions feront *à gauche*, pour marcher le *pas de flanc*, & à mefure qu'elles dépafferont celle de leur droite, elles feront fucceffivement *halte*, *front* par un *à droite*, & s'aligneront.

Si on doit former l'ordre oblique fur la droite, on exécutera les mouvemens contraires.

Cet ordre ou difpofition eft fufceptible de plufieurs avantages : 1.° celui de refufer une aile, en formant une attaque de l'aile oppofée ; 2.° de prendre l'ennemi en *flanc*, en fe formant en bataille par un *demi-quart de converfion* par divifion, fur le terrein qu'on occupera alors ; 3.° de faire fucceffivement *feu*, en reployant une troupe fur l'autre,

X

pour reformer l'ordre de bataille en retraite; 4.° d'être préparatoire pour se mettre en bataille en avant; 5.° enfin
celui de se remettre en colonne, suivant que les circonstances peuvent l'exiger.

CHAPITRE 8.

DE L'ORDRE ANGULAIRE PAR ÉCHELON.

LORSQU'ON voudra se former par échelon en avant
du centre, soit pour former une attaque par le centre, ou
pour refuser la droite & la gauche, on commandera :

I.

Attention.

2.

Division,
Peloton, &c. } *par échelon, formez l'angle en avant.*

3.

Marche.

A ce commandement, la division ou peloton de la gauche
du premier bataillon, & la division de la droite du second
bataillon, se porteront en avant, se joignant par le pas oblique
pour former ensemble la tête de l'angle, tandis que les Grenadiers feront un *demi-quart de conversion à gauche*, pour se porter
vivement en avant du centre, & former le sommet de l'angle,

Dès que les deux divisions du centre se seront portées
en avant, & que leur dernier rang aura dépassé de deux
pas environ l'alignement du régiment, la division de la
gauche du premier bataillon, & celle de la droite du second
bataillon, se porteront en avant, marchant quelques pas
obliques, pour mettre leur file intérieure vis-à-vis des files
extérieures des divisions qui les précèderont, & marcheront
alors directement en avant; observant un tiers de distance de
la file d'une division à la file de la division qui précèdera.

Les autres divisions de chaque bataillon exécuteront
successivement la même manœuvre, en observant la même
règle par rapport aux divisions qui les précèderont; au
moyen de quoi, le premier bataillon se trouvera formé en
ordre oblique par la gauche, & le second bataillon en
ordre oblique par la droite.

Lorſqu'en marchant dans cet ordre, on voudra faire *feu*, les deux troupes qui compoſeront l'angle, feront *haut les armes*, les Grenadiers préſentant la baïonnette en avant pour charger à l'arme blanche, tandis que les diviſions des ailes feront en marchant, le *feu de diviſion;* dans ce cas elles ſe porteront en avant pour dépaſſer de ſix pas la diviſion qui précèdera, & reprendront enſuite leur place.

L'ordre angulaire ſera ſuſceptible d'être changé très-vivement, ſuivant que les circonſtances pourront l'exiger; ſi l'on veut former la colonne, au commandement, *formez la colonne centrale*, toutes les diviſions du premier bataillon qui ſe trouveront à la droite, feront *à gauche*, & toutes celles du ſecond bataillon feront *à droite*, pour marcher toutes le *pas de flanc*, & ſe réunir vers le centre, où en arrivant elles feront *halte*, *face en tête*, & s'aligneront au commandement de l'Officier.

Si on veut former la colonne en marchant, toutes les diviſions ſe réuniront par le *pas oblique*.

On pourra de même former l'ordre angulaire lorſqu'on marchera en colonne centrale; on exécutera pour cet effet les mouvemens contraires à ceux qui viennent d'être preſcrits pour ſe mettre en colonne.

Si, au lieu de changer l'ordre angulaire en colonne, on veut ſe mettre en bataille en ligne, au commandement *en bataille en avant*, les Grenadiers iront occuper leur place ordinaire à la droite du premier bataillon, & la première troupe s'ouvrira de droite & de gauche au commandement de l'Officier, pour obſerver l'intervalle des bataillons, ſi on le juge néceſſaire.

Pendant ce temps, toutes les autres diviſions ſe porteront en avant, pour aller par le chemin le plus court, ſe former vers les ailes ſur l'alignement du centre.

Si, au lieu de ſe former en bataille en avant, on veut ſe former en retraite, on commandera *en bataille en retraite;* alors les Grenadiers & la première troupe qui compoſeront la tête de l'angle, feront *demi-tour à droite*, pour ſe porter ſur les derrières; & à meſure qu'ils arriveront à hauteur des diviſions qui feront vers les ailes, celles-ci feront *feu*, s'il eſt ordonné, & enſuite *demi-tour à droite*, pour ſe réunir & ſe former aux ailes des diviſions du centre qui marcheront en retraite, leſquelles continueront leur feu en marchant, à moins d'un ordre contraire.

Les autres diviſions exécuteront ſucceſſivement leur feu

à mesure que celles qui les précèderont, les auront dépassées en marchant en retraite, & iront ensuite les joindre dans le même ordre qu'il vient d'être prescrit.

Toutes les divisions étant réunies, & marchant en bataille en retraite, feront *halte* & *front* au commandement qui en sera fait ; alors les Grenadiers iront occuper leur place à la droite du premier bataillon.

CHAPITRE 9.

DE LA COLONNE CENTRALE.

ON formera la colonne centrale, en disposant d'abord le régiment en ordre angulaire, comme il est prescrit ci-devant, & faisant marcher ensuite le *pas de flanc* à tous les pelotons ou divisions, pour se réunir vers le centre.

Si, pour plus de célérité, on veut la former sans aucune préparation, après avoir fait l'avertissement, *que tel peloton ou division ne bouge,* on commandera *à droite & à gauche,* & ensuite *par peloton* ou *division, formez la colonne centrale, marche ;* alors le premier bataillon ayant fait *à gauche,* se formera par peloton ou division derrière sa gauche, & le deuxième bataillon ayant fait *à droite,* se formera de même derrière sa droite, ainsi qu'il est expliqué au *Titre 12, chapitre 1ᵉʳ, article 2.*

Si au contraire, on veut la former par quart de conversion, on commandera :

1.

Attention.

2.

Division
ou } *par quart de conversion, formez la colonne*
Peloton, }   *centrale.*

3.

Marche.

La division de la gauche du premier bataillon & la division de la droite du second bataillon, marcheront en avant, se joignant par le pas oblique pour former la tête de la colonne ; toutes les autres divisions du premier bataillon, feront un *quart de conversion à gauche* (à l'exception de la

compagnie

compagnie de Grenadiers, qui ne fera qu'un *demi-quart de conversion à gauche)*, & toutes celles du second bataillon, feront un *quart de conversion à droite*, pour marcher vers le centre, où elles se réuniront successivement par un *second quart de conversion*, pour suivre les premières & former la colonne, tandis que la compagnie de Grenadiers marchera vivement en avant vers le centre, pour prendre la tête de la colonne.

Les Tambours se placeront à la queue de la colonne, & il en sera détaché deux, pour aller l'un sur le flanc droit, & l'autre sur le flanc gauche de la colonne, à hauteur du premier rang.

Le Colonel & le Colonel-commandant se placeront à la tête de la colonne, le Lieutenant - colonel sur le flanc gauche, à hauteur du centre, le Major sur le flanc droit à hauteur de la première division, & les Officiers - majors chacun sur un flanc; tous les autres Officiers resteront à leur place ordinaire dans la colonne.

Cette colonne se formera au pas ordinaire ou au pas redoublé, les divisions serrées en masse, ou observant leur distance, comme on le jugera à propos; si les divisions doivent être serrées, elles observeront entr'elles un pas de distance, les Officiers & les serre-files se plaçant sur les ailes.

Toutes les fois que le commandement *marche* ne sera précédé d'aucun avertissement, la colonne marchera en tête le pas ordinaire.

Lorsqu'on voudra faire marcher la colonne vers l'un des flancs ou en retraite, on commandera, par un *à droite*, ou par un *à gauche*, ou par un *demi-tour à droite, marche.*

De quelque côté que la colonne ait marché, elle sera toujours *face en tête* au commandement *halte*, à moins que le contraire ne soit ordonné.

Lorsque la colonne sera serrée, & qu'on fera le commandement *face en dehors*, les Grenadiers de la tête resteront *face en tête*, tout le flanc droit de la colonne sera *à droite*, tout le flanc gauche *à gauche*, & la division de la queue *demi - tour à droite:* dans ce seul cas, les Officiers & les Sergens qui se trouveront sur les flancs, se placeront derrière leur peloton ou division, dans le rang de leur serre-file, à l'exception du Commandant de chaque division, qui se mettra dans le premier rang.

Y

Quand on voudra déployer la colonne centrale & la mettre en bataille, on pourra le faire des deux manières suivantes:

PREMIÈRE MANIÈRE.

LES divisions étant serrées, on commandera:

1.

Attention.

2.

A droite & à gauche en bataille.

3.

Marche.

A ce commandement, le bataillon de la droite fera *à droite*, celui de la gauche fera *à gauche*, & marcheront par leur flanc; dès que la division de la gauche du premier bataillon & celle de la droite du second, auront laissé l'intervalle prescrit d'un bataillon à l'autre, les Commandans de ces deux divisions, leur commanderont *halte* pour s'arrêter, *front* pour faire face en tête, & *alignez* pour s'aligner; la compagnie de Grenadiers fera *à droite*, & marchera vivement en même temps que le bataillon de la droite, pour reprendre son poste à la droite; quand elle aura dépassé la première division, elle fera *halte*, *front*, & s'alignera avec les bataillons, par le *pas en arrière*. Toutes les autres divisions, ainsi que les Tambours, suivront les mêmes mouvemens de leur bataillon, ayant attention de se porter un peu obliquement vers le côté où elles devront se mettre successivement en bataille, & marchant près les unes des autres.

Dans le cas où l'on voudroit se former en bataille au sortir & près d'un défilé après l'avoir passé, & que le terrein ne permettroit pas aux dernières divisions de la colonne de se déployer par le flanc en même temps que les premières; elles se porteroient alors en avant sur le terrein où les premières se seroient déployées pour exécuter successivement la même manœuvre.

SECONDE MANIÈRE.

Les divisions ayant leur distance dans la colonne, on commandera :

1.

Attention.

2.

En bataille en avant.

3.

Marche.

A ce commandement, toutes les divisions de la droite feront un *demi-quart de conversion à droite*, toutes les divisions de la gauche, feront un *demi-quart de conversion à gauche* (à l'exception de celles qui auront la tête de la colonne), & la compagnie de Grenadiers fera *à droite*; après quoi toutes les divisions & la compagnie de Grenadiers se mettront en marche pour suivre la direction, où elles feront *face*, & iront se former sur la droite & sur la gauche des deux divisions du centre, qui n'auront pas bougé ; & à mesure qu'elles arriveront sur le terrein, le Commandant de chaque division commandera *halte, alignez*, & ira prendre son poste dans le rang.

L'Officier de la division de la gauche du premier bataillon aura attention de laisser l'intervalle prescrit entre lui & la première division du second bataillon, sur lequel les deux bataillons devront s'aligner.

CHAPITRE 10.

DE LA COLONNE DE RETRAITE.

ON pourra former la colonne de retraite en disposant d'abord le régiment en ordre angulaire, pour ensuite former la colonne centrale, comme il a été prescrit ci-devant ; cette manière pourra être avantageuse, en ce qu'elle ne donnera point à soupçonner le dessein que l'on aura de se retirer.

Si au contraire on veut la former successivement en se

rompant en arrière par les ailes, on fera les commandemens suivans :

1.

Attention.

2.

Division
ou } *formez la colonne de retraite.*
Peloton,

Marche.

A ce commandement, la division de la droite du premier bataillon, & celle de la gauche du second bataillon, feront *six pas en arrière ;* après quoi ces deux divisions feront l'une *à droite,* l'autre *à gauche,* pour se faire face & marcher ensuite le *pas de flanc,* longeant derrière leur bataillon jusque vers le centre, où elles se réuniront, puis faisant l'une *à gauche* & l'autre *à droite,* elles marcheront sur les derrières, formant la tête de colonne.

Lorsque ces deux divisions en longeant derrière leur bataillon, commenceront à dépasser les divisions des ailes, celles-ci marcheront de même *six pas en arrière,* feront *à droite* & *à gauche,* marcheront vers le centre, s'y réuniront, feront *à gauche* & *à droite,* pour prendre leur rang dans la colonne, & suivre la première troupe, ce qui sera répété successivement par toutes les autres divisions des deux bataillons.

A mesure que les divisions se retireront, les Grenadiers se resserreront par le *pas de flanc* vers le centre, pour appuyer aux divisions qui n'auront pas encore commencé leur mouvement, & se remettront chaque fois *face en tête,* ils feront ensuite *demi-tour à droite* pour marcher à la queue de la colonne.

Les Tambours feront *à gauche* & *à droite* en même temps que la première division du premier bataillon, & que la division de la gauche du second bataillon, pour aller se réunir derrière le centre des deux bataillons, & précéder immédiatement cette première division dans la colonne.

Les Officiers, les Fourriers, les Sergens & les Tambours, occuperont dans la colonne de retraite les mêmes postes que dans la colonne centrale : les divisions y prendront

entr'elles

entr'elles les mêmes distances, & elles seront susceptibles des mêmes manœuvres & des mêmes marches.

Quand on voudra former la colonne de retraite en bataille, on fera serrer les divisions, si elles ne le sont pas déjà, & on commandera ensuite :

1.

Attention.

2.

Tête de la colonne, à droite & à gauche, en bataille.

3.

Marche.

A ce commandement, la première division du premier bataillon sera *à gauche*, & la huitième division du second bataillon fera *à droite* pour marcher vers les flancs.

Toutes les autres divisions continueront de marcher en avant, & à mesure qu'elles arriveront sur le terrein où les premières auront longé de droite & de gauche, elles exécuteront la même manœuvre pour les suivre ; la compagnie de Grenadiers fera *à gauche* pour aller occuper la droite du premier bataillon.

Dès que les dernières divisions auront fait *à droite* & *à gauche*, & qu'il y aura la distance nécessaire entre les deux bataillons, toutes les divisions feront *face en tête*, & s'aligneront au commandement qui en sera fait.

Dans le cas où il seroit nécessaire de se mettre en bataille en avant, on feroit faire *face en tête* par *un demi-tour à droite ;* après quoi toutes les divisions se formeroient en bataille au commandement qui en seroit fait, & de la même manière qu'il est prescrit ci-devant pour former la colonne centrale en bataille en avant.

Z.

TITRE 13.
De l'Exercice à Feu.

CHAPITRE 1.er

RÈGLES À OBSERVER
POUR L'EXÉCUTION DES FEUX.

Pendant l'exécution des feux, la troupe gardera le plus profond silence, les Officiers, les Fourriers & les Sergens porteront leur arme, & ils auront continuellement les yeux sur leurs Soldats sans leur parler pour les reprendre, ni quitter leur poste.

Les Commandans des pelotons ou autres divisions, feront leur commandement d'un ton ferme & bref, & leurs divisions les exécuteront immédiatement après; mais les Officiers auront attention à ne faire le commandement *feu*, qu'après avoir examiné si le Soldat est ferme dans sa position, & s'il ajuste bien.

Les rangs & les files ne seront pas trop serrés pendant l'exécution des feux, afin que les Soldats puissent charger librement.

Toutes les fois qu'un régiment devra faire *feu en bataille*, on l'exercera à tirer de pied-ferme, & en marchant, soit par division, peloton, demi-bataillon ou bataillon.

Les Soldats chargeront leur arme avant de commencer l'exercice à feu, & pour cet effet, on fera les commandemens prescrits pour charger les armes.

Lorsque tout le régiment devra tirer, le Commandant fera les commandemens, si ce doit être par peloton : il avertira de l'espèce de feu qui devra être exécuté, & le Commandant de chaque peloton en fera le commandement à sa compagnie.

Aussitôt que les Soldats auront fait *feu*, ils rechargeront vivement leur arme, & on punira ceux qui ne feroient que semblant de charger, ou qui jetteroient leurs cartouches.

Quand le Soldat aura été averti qu'il ne doit plus charger après avoir tiré, & qu'il fera remis dans la pofition prefcrite (au maniement des armes après avoir fait *feu*) il mettra le chien en fon repos, fermera le baffinet, après quoi il portera fon fufil en deux temps :

Au premier, il élèvera le fufil pour le tenir perpendiculaire vis-à-vis l'épaule gauche, fe foutenant de la main gauche fous la croffe.

Au deuxième, il achèvera de le porter, & s'alignera auffitôt.

CHAPITRE 2.

COMMANDEMENS, DONT ON SE SERVIRA
DANS TOUS LES FEUX.

1.

Divifion, peloton ou *demi-bataillon, de droite* ou *de gauche.*

CE commandement ne fervira que d'avertiffement, pour que tous les Soldats qui devront tirer, regardent à droite ou à gauche, & fe tiennent prêts à exécuter les commandemens fuivans :

2.

Apprêtez vos armes.

3.

En joue.

4.

Feu.

Ces commandemens s'exécuteront ainfi qu'il eft prefcrit au *Maniement des armes;* après quoi le Soldat rechargera fon fufil & le portera à l'épaule.

Les Officiers qui commanderont, mettront le même intervalle & le même ton à leur commandement.

On fera ceſſer tous les feux par un roulement, & les Officiers commandant leſdits feux, feront porter les armes à leur troupe, quand même elle auroit mis en joue, & ils rentreront enſuite dans le rang.

CHAPITRE 3.

DE L'EXÉCUTION DES DIFFÉRENS FEUX
DE PIED-FERME.

POUR faire *feu* par diviſions, le Commandant du régiment fera l'avertiſſement ſuivant :

Diviſions, prenez garde à vous pour faire feu.

A cet avertiſſement, le Commandant de chaque diviſion des Grenadiers & des Fuſiliers, portera le pied droit à douze pouces en avant, en faiſant *à gauche* ſur le talon gauche, à l'exception de l'Officier de la gauche de la compagnie de Grenadiers, & celui de la gauche de chaque bataillon, qui fera *à droite*, en portant de même le pied gauche à douze pouces en avant, & tournant ſur le talon droit : l'Officier de la première diviſion du premier peloton, fera auſſitôt à ſa diviſion l'avertiſſement *diviſion*, & enſuite les commandemens, *apprêtez vos armes, en joue, feu.*

Quand cette diviſion apprêtera ſes armes, l'Officier de la ſeconde diviſion du quatrième peloton, fera à ſa diviſion les mêmes commandemens.

Lorſque la première diviſion fera *feu*, le Commandant de la ſeconde diviſion du premier peloton, fera l'avertiſſement *diviſion*, & enſuite les autres commandemens.

L'Officier de la première diviſion du quatrième peloton, en fera de même quand ſa ſeconde diviſion fera *feu*, & ainſi alternativement juſque vers le centre.

Lorſque la première diviſion du quatrième peloton, aura fait *feu*, le Commandant de la première diviſion de la compagnie de Grenadiers, fera les mêmes commandemens à ſa diviſion pour faire feu, & la ſeconde diviſion ne tirera qu'après que tout le bataillon aura fait feu.

S'il n'y a pas eu de roulement pendant le feu, l'Officier de la première diviſion du premier peloton fera l'avertiſſement *diviſion*, lorſque la ſeconde diviſion de la compagnie

de Grenadiers

de Grenadiers fera *feu*, pour recommencer le feu par la droite & le continuer, ainfi qu'il vient d'être prefcrit.

POUR FAIRE FEU PAR PELOTONS.

LE Commandant du régiment fera l'avertiffement :

Pelotons, prenez garde à vous, pour faire feu.

A cet avertiffement, le Commandant de chaque peloton fera un pas en avant, puis à gauche ; les Sous-lieutenans feront en même temps un pas en arrière pour s'aligner fur le fecond rang ; les Sergens qui feront derrière eux, feront auffi un pas en arrière, & dès que les feux cefferont, ils reprendront leur place, ce qui fe pratiquera de même dans tous les feux.

Le Commandant du premier peloton, fera auffitôt l'avertiffement *peloton*, & enfuite les commandemens *apprêtez vos armes, en joue, feu*.

Un temps après que le premier peloton aura fait *feu*, le Commandant du quatrième peloton, fera l'avertiffement *peloton*, & enfuite les autres commandemens.

Le Commandant du fecond peloton en fera de même, après que le quatrième peloton aura fait *feu*, & fucceffivement le Commandant du troifième peloton & celui de la compagnie de Grenadiers, qui fera le commandement *peloton*, dès que tout le bataillon aura fait *feu*.

Le premier peloton recommencera fon feu, un temps après que la compagnie de Grenadiers aura exécuté le fien, ce qui fera continué jufqu'à ce qu'il foit fait un roulement.

POUR FAIRE FEU PAR DEMI-BATAILLON.

LE Commandant fera l'avertiffement :

Demi-bataillon, prenez garde à vous pour faire feu.

A cet avertiffement, le Commandant du demi-bataillon de la droite fe portera deux pas en avant, & fera les commandemens qui viennent d'être prefcrits pour faire *feu*.

Lorfque le demi-bataillon de la droite qui aura fait *feu*, aura mis la cartouche dans le canon, le Commandant du demi-bataillon de la gauche fera à ce demi-bataillon, les commandemens preferits pour faire *feu*.

La compagnie de Grenadiers fera *feu* après que le demi-bataillon de la gauche aura tiré, en obfervant le même intervalle.

POUR FAIRE FEU PAR BATAILLON.

Le Commandant du régiment fera l'avertiffement:

Bataillon, prenez garde à vous pour faire feu.

Le feu commencera par le premier bataillon, & enfuite le fecond.

Lorfqu'on voudra faire *feu* en fe formant en bataille, ou en changeant de front, la première troupe qui arrivera, commencera fon feu, celle qui arrivera enfuite, exécutera le fien, & fucceffivement toutes les autres, à mefure qu'elles arriveront.

CHAPITRE 4.

POUR FAIRE FEU EN ARRIÈRE.

Le Commandant du régiment fera les commandemens fuivans :

1.

Prenez garde à vous pour faire feu en arrière.

2.

Demi-tour à droite, formez le bataillon.

Au deuxième commandement, chaque bataillon fera *demi-tour à droite*, à l'exception des Officiers & Fourriers de ferre-file: les Officiers du premier rang pafferont au troifième, devenu le premier; les Sergens qui étoient derrière eux, les remplaçant, les Officiers & Fourriers de ferre-file pafferont de même par les files des Officiers, pour fe placer en ferre-file derrière le premier rang, devenu le dernier, & les Tambours iront légèrement fe placer derrière l'intervalle des bataillons.

On exécutera en arrière les mêmes feux qui viennent d'être preferits ci-deffus.

Lorsqu'après cette manœuvre, on voudra remettre les bataillons, on commandera:

1.

Prenez garde à vous pour remettre le bataillon.

2.

Front.

Ces commandemens s'exécuteront comme les deux précédens.

CHAPITRE 5.
DE L'EXÉCUTION DES FEUX
EN MARCHANT EN BATAILLE EN AVANT ou EN RETRAITE.

LE Commandant fera marcher le *pas lent;* après quoi, s'il veut faire exécuter le *feu* par peloton, il fera l'avertissement:

Peloton, prenez garde à vous pour faire feu.

A cet avertissement, le régiment continuera de marcher le même pas, & le Commandant du premier peloton, après avoir fait à sa troupe l'avertissement *peloton,* il lui fera le commandement *marche, marche,* ou par abréviation *marche;* alors ce peloton se portera au pas redoublé, à six pas en avant, & fera *halte,* assemblant du septième pas; il fera ensuite les commandemens *apprêtez vos armes, en joue, feu:* cette troupe ayant fait *feu,* chargera vivement ses armes, & après que tous les Soldats auront porté leur arme, & que le régiment, qui ayant toujours marché le pas lent, sera arrivé à sa hauteur, il commandera *marche;* alors ce peloton marchera le même pas du régiment, & dans le cas où le régiment l'auroit dépassé, il le rejoindroit légèrement, au commandement *marche, marche.*

Dès que le premier peloton se sera porté six pas en avant, le Commandant du quatrième peloton fera à sa troupe l'avertissement *peloton,* & ensuite les autres commandemens pour faire *feu,* ce qui s'exécutera alternativement par tous les autres pelotons du bataillon & par la compagnie de Grenadiers.

On s'attachera à mettre toute la précision possible dans cette manœuvre.

POUR FAIRE FEU EN MARCHANT EN RETRAITE.

Le régiment marchant en retraite, si le Commandant juge à propos de faire exécuter le feu par peloton, il fera l'avertissement:

Peloton, prenez garde à vous pour faire feu.

A cet avertissement, le régiment continuera de marcher le même pas, & le Commandant du premier peloton, après avoir fait à sa troupe l'avertissement *peloton*, il lui fera le commandement *front*; ce qui étant exécuté, il commandera, *apprêtez vos armes*, *en joue*, *feu*; & les Soldats ayant tiré, reporteront aussitôt les armes, & feront *demi-tour à droite*, au commandement qui leur en sera fait; l'Officier commandera ensuite, *marche*, *marche*, & ils se porteront en avant, pour se réunir au bataillon, qu'ils rejoindront au pas de course, & y étant arrivés, ils rechargeront leur arme, en continuant de marcher.

Dès que le premier peloton aura fait *feu*, le Commandant du quatrième peloton fera à sa troupe l'avertissement *peloton*, & ensuite les autres commandemens pour faire *front & feu*, ce qui s'exécutera alternativement par les autres pelotons du bataillon & par les Grenadiers.

CHAPITRE 6.

DU FEU DE CHAUSSÉE.

POUR exécuter le *feu de chaussée*, on formera le régiment en colonne, par pelotons ou autres divisions, suivant la largeur du terrain, en observant qu'il reste au moins quatre pas de vide de chaque côté de la chaussée; le Commandant fera ensuite l'avertissement:

Prenez garde à vous pour faire le feu de chaussée.

A cet avertissement, l'Officier de la division de la tête de la colonne, fera les commandemens *division* ou *peloton*, *apprêtez vos armes*, *en joue*, *feu*; les Soldats ayant exécuté le feu, reviendront dans la position de *haut les armes*: l'Officier commandera ensuite *à droite & à gauche*, *marche*, ou par abréviation, *marche*; à ce commandement, la division se partagera en deux parties, la partie de droite fera

à droite,

à droite, & la partie gauche fera *à gauche* : la tête de chacune de ces petites colonnes fera ensuite un *quart de conversion par file*, ce qui fera exécuté successivement par toutes les autres files, pour longer les flancs de la colonne portant alors leur arme ; & iront se réunir à la queue, en faisant d'abord *à droite & à gauche*, puis faisant deux pas en avant, & ensuite un *quart de conversion à gauche & à droite* pour se réunir : elles se remettront enfin *face en tête*, par un *demi-tour à droite*, après lequel elles rechargeront leurs armes. Les autres divisions répèteront successivement la même manœuvre.

CHAPITRE 7.
DU FEU DE BILLEBAUDE.

LE Commandant fera l'avertissement :

Bataillons, prenez garde à vous pour faire le feu de Billebaude.

Il commandera ensuite :

1.

Apprêtez vos armes.

2.

Feu.

Au premier commandement, les trois rangs de chaque bataillon feront *haut les armes*, & armeront le fusil, prenant tous trois la position prescrite au deuxième rang pour tirer, le premier rang restant debout.

Au deuxième commandement, le deuxième rang commencera à tirer par l'aile droite de chaque peloton ; aussitôt qu'il aura tiré, chaque homme de ce deuxième rang, passera de la main droite son fusil à l'homme qui sera derrière lui, qui le prendra de la main gauche, & celui-ci donnera en même temps le sien de la main droite au Soldat du deuxième rang qui le recevra de même de la main gauche : le second rang tirera avec le fusil de l'homme du troisième rang, le chargera après, & tirera un second coup avec le même fusil, qu'il repassera tout de suite au troisième rang pour reprendre le sien qui aura été chargé par l'homme du troisième rang, & continuera ainsi à tirer toujours deux coups avec le même fusil.

Le premier rang ne commencera à tirer qu'après que le deuxième rang aura tiré son deuxième coup, en commençant de même par l'aile droite de chaque peloton, & chaque Soldat mettra deux secondes d'intervalle après que son voisin aura tiré, avant que de le faire lui-même : ce premier rang chargera toujours lui-même son fusil, & tirera aussi-tôt.

Pour faire diminuer ce feu, on fera faire un roulement par tous les Tambours du bataillon ; à ce signal, le premier rang portera ses armes après les avoir chargées ; & quand on voudra le faire cesser tout-à-fait, on fera faire un deuxième roulement, auquel les second & troisième rangs porteront de même leurs armes, après les avoir chargées.

Quand on ne voudra faire tirer qu'un rang, on fera l'avertissement *pour faire le feu du second rang*, on commandera ensuite :

1.

Apprêtez vos armes.

2.

Feu.

Au premier commandement, le premier rang ne bougera, les deux derniers rangs feront *haut les armes*, & les apprêteront.

Au deuxième commandement, le deuxième rang commencera à tirer, comme il est prescrit ci-dessus ; alors on ne fera faire qu'un seul roulement pour faire cesser ce *feu*.

On pourra se servir de ce dernier feu en marchant, observant de faire marcher le *pas lent* au moment où on le fera commencer.

TITRE 14.

Simulacre de désordre dans le combat.

POUR donner un tableau de la guerre, exercer l'agilité du Soldat & les talens de l'Officier, on imitera souvent dans les exercices, les accidens d'un combat, afin d'accoutumer l'Officier & le Soldat à porter un prompt remède au désordre que peut causer le feu de l'ennemi.

Pour cet effet, on placera un bataillon vis-à-vis de l'autre, ou un détachement en avant, qui représentera l'ennemi.

Le Commandant fera distribuer dans ces bataillons des numéros qui serviront à désigner ceux d'entre les Soldats qui seront censés mis hors de combat : ces chiffres seront distribués indistinctement & sans égard à aucun ordre, environ au tiers des Officiers & des Soldats, plus ou moins. Il y aura plusieurs numéros du même chiffre, mais ces chiffres ne passeront pas le nombre six, & ils seront attachés à la boutonnière ou sur la manche, afin que ceux auxquels ils seront donnés, les aient toujours sous les yeux.

La manœuvre, ainsi préparée & le bataillon ou régiment ayant reçu l'ordre de marcher à la charge, se mettra en mouvement ; la troupe qui représentera l'ennemi fera aussitôt sa première décharge, alors ceux qui porteront le N.° 1, se mettront à genoux laissant passer le reste de la troupe, & les Officiers & bas Officiers porteront alors toute leur attention à rétablir l'ordre & à boucher les ouvertures en faisant passer les Soldats du second rang dans les lacunes du premier, & ceux du troisième rang dans les lacunes du second, observant autant qu'il sera possible l'ordre des files ; au moyen de quoi, en supposant que les Soldats hors de combat, fassent le tiers de la troupe, son ordre de bataille se trouvera réduit à la fin à deux de hauteur.

Dans le cas où il feroit néceffaire de conferver plus de profondeur que de front, on retireroit des ailes autant de files qu'il en faudroit pour remplacer celles de la queue, ce qui fera déterminé par le Commandant, avant la manœuvre.

Au fecond fignal, les Soldats qui porteront le N.º 2, fe mettront de même à genoux, pour laiffer paffer le refte de la troupe, & ainfi des autres numéros, en obfervant l'ordre numérique, & en continuant d'avancer vers l'ennemi, lors même qu'on s'occupera du remplacement des abfens.

Pour faciliter les premiers effais, on ne diftribuera par compagnie qu'environ trois marques de chaque efpèce; & pour plus de précautions, les Officiers commandant les divifions appelleront à chaque fignal, le numéro dont le tour fera venu.

Ces chiffres diftribués au hafard, ou plutôt la confufion qui en réfultera, préfentera un tableau artificiel du défordre que peut caufer le feu de l'ennemi, l'habitude que l'on contractera à le réparer, familiarifera les Troupes avec l'embarras d'une pareille fituation, & préviendra la confufion qui pourroit en réfulter.

Cet exercice ou charge étant fini, les Officiers, bas Officiers & Soldats qui feront reftés affis, chacun à leur place fur le champ de bataille, rejoindront leur troupe au fignal qui en fera donné par les Tambours, qui pour cet effet rappelleront.

TITRE 15.

Formation particulière des Dragons d'une Légion, soit à pied ou à cheval.

CHAPITRE 1.er

FORMATION SUR LE PIED DE L'AUGMENTATION.

LORSQUE les Dragons d'une Légion monteront à cheval, pour s'exercer, paroître ou combattre, soit par compagnie, par escadron ou régiment, ou qu'ils prendront les armes à pied, ils seront toujours formés sur deux rangs.

Chaque compagnie étant formée en bataille sur deux rangs, sera divisée en deux divisions.

La première division comprendra le demi-rang de la droite, & la seconde division comprendra le demi-rang de la gauche.

Le premier Brigadier sera placé à la droite, & le second à la gauche du premier rang de la première division.

Le troisième Brigadier sera placé à la droite, & le quatrième à la gauche du premier rang de la seconde division.

Le cinquième Brigadier sera placé à la droite, & le sixième à la gauche du second rang de la première division.

Le septième Brigadier sera placé à la droite, & le huitième à la gauche du second rang de la seconde division.

Le premier Maréchal-des-logis sera placé à la droite du premier rang de la première division, le second Maréchal-des-logis sera placé à la gauche du premier rang de la seconde division, le troisième Maréchal-des-logis sera placé à la droite du second rang de la première division, & le quatrième à la gauche du second rang de la seconde division.

Le reste des files de chaque division, sera composé au premier rang, des Dragons les plus élevés, eu égard cependant à leur ancienneté & à leur intelligence; & au second rang de ceux qui le seront le moins, ayant encore attention de placer au premier rang, & principalement sur les ailes, les chevaux qui y seront les plus propres.

On suivra le même ordre pour la formation de toutes les compagnies, sans aucune exception.

Les huit compagnies, dont sont composés aujourd'hui, les Dragons des Légions, formeront quatre escadrons, qui se nommeront *Régiment*.

La première & la cinquième compagnie formeront le premier escadron.

La seconde & la sixième compagnie formeront le second escadron.

La troisième & la septième compagnie formeront le troisième escadron.

La quatrième & la huitième compagnie formeront le quatrième escadron.

La première, seconde, troisième & quatrième compagnie seront toutes également placées à la droite de leur escadron sans aucune inversion.

Ces quatre escadrons formeront deux brigades, les premier & troisième escadrons, composeront la première brigade, qui sera placée à la droite.

Et les second & quatrième escadrons composeront la seconde brigade, qui sera placée à la gauche.

Le premier escadron de chaque brigade sera placé à la droite de la brigade, & le second à la gauche.

Dans cet ordre de bataille, les escadrons seront néanmoins distingués par premier, second, troisième & quatrième de la droite à la gauche, sans égard à leur ancienneté particulière.

On distinguera pareillement les quatre divisions, dont chaque escadron sera composé, par première, seconde, troisième & quatrième divisions, commençant par la droite & finissant par la gauche.

Ces divisions se connoîtront encore par paire & impaire.

Le Colonel se placera en avant du premier escadron à la tête des Officiers supérieurs

Le Colonel-commandant, le Lieutenant-colonel & le Major se placeront de même à la tête du premier escadron; le Lieutenant-colonel à la droite, & le Major à la gauche du Colonel-commandant, ayant la croupe de leurs chevaux à deux pas en avant de l'alignement des Officiers de cet escadron; bien entendu qu'ils pourront se porter par-tout où le bien du service l'exigera.

Lorsque le Colonel, le Colonel-commandant ou le Lieutenant-colonel, jugeront à propos de prendre le commandement d'un escadron, ils se placeront à la droite du Capitaine qui sera à la tête de l'escadron dont ils prendront le commandement.

Le Major devant veiller à toutes les manœuvres, & se porter par-tout où les circonstances peuvent l'exiger, ne prendra jamais le commandement particulier d'un escadron ou d'une troupe.

Le plus ancien des deux Capitaines attachés à chaque escadron, se placera à la tête de son escadron, ayant la croupe de son cheval à un pas en avant du centre du premier rang, & le moins ancien se placera en serre-file, derrière le centre de l'escadron, ayant la tête de son cheval à deux pas de distance du dernier rang.

Dans le cas où l'un des Commandans d'escadron, se trouveroit absent ou blessé, le second Capitaine de l'escadron en prendroit aussitôt le commandement.

Mais lorsque le commandement d'un escadron vaquera par mort, il appartiendra au plus ancien des quatre derniers

Capitaines factionnaires, qu'on fera passer à cet escadron avec sa compagnie, à la première occasion où le régiment montera à cheval.

Le Lieutenant de la première compagnie de chaque escadron se placera à la droite du premier rang de sa compagnie, & sur le même alignement; le Sous-lieutenant se placera à la droite du second rang derrière le Lieutenant, & le Fourrier sera placé en serre-file derrière le centre de la compagnie, ayant la tête de son cheval à un pas de distance du dernier rang.

Quant à la seconde compagnie de chaque escadron, elle sera formée de même, avec cette différence que le Lieutenant se placera à la gauche du premier rang de sa compagnie & sur le même alignement; le Sous-lieutenant à la gauche du second rang derrière le Lieutenant, & le Fourrier, comme il vient d'être dit, en serre-file derrière le centre de la compagnie.

L'Aide-major se placera à la droite du premier escadron, le Sous-aide-major à la droite du troisième, & le Quartier-maître à la gauche du quatrième escadron; bien entendu que ces Officiers pourront vaquer où le bien du service l'exigera.

Dans le cas où il se trouveroit des Officiers ou bas Officiers absens, ils seroient remplacés par le grade inférieur de la même compagnie; mais lorsque le Capitaine de serre-file d'un escadron prendra (en l'absence du premier Capitaine) le commandement de l'escadron, il sera remplacé successivement, soit en serre-file, soit dans le commandement, par les plus anciens Lieutenans de l'escadron, & ceux-ci par les Sous-lieutenans.

Les deux Tambours de chaque escadron seront placés à la droite de leur escadron, sur l'alignement du premier rang, ou si le Commandant juge à propos de les faire marcher à la tête du régiment, ils se réuniront tous à la

droite

droite du premier escadron, où ils se formeront sur deux rangs.

Dans les cas de parade & d'assemblée du régiment, les Officiers se placeront à la tête de leurs compagnie & division, tous sur le même alignement, & les Officiers-majors à la droite de leur escadron, sur l'alignement des Officiers.

Lorsque les Dragons prendront les armes à pied, ils seront formés ainsi qu'il vient d'être prescrit à cheval; avec cette différence, que les Capitaines se placeront tous à un pas en avant du centre de leur compagnie.

Les escadrons observeront entr'eux le même intervalle qui est prescrit à cheval; mais si on doit les exercer aux différens feux, on n'observera aucun intervalle, & les Capitaines se placeront alors sur les ailes de l'escadron à la place des Lieutenans, qui passeront en serre-file derrière la première division de leur compagnie.

CHAPITRE 2.

FORMATION SUIVANT LA COMPOSITION ACTUELLE
EN TEMPS DE PAIX.

LES compagnies se formeront sur deux rangs, ainsi qu'il est prescrit ci-devant; mais elles ne seront susceptibles d'aucune division.

Le premier Brigadier sera placé à la droite du second rang, & le second Brigadier à la gauche du premier rang de la compagnie.

Le Maréchal-des-logis sera placé à la droite du premier rang, formant le chef-de-file du premier Brigadier, & le Fourrier sera placé en serre-file derrière la compagnie.

Les huit compagnies formeront également quatre escadrons, ainsi qu'il est prescrit ci-devant, & les Officiers s'y placeront dans le même ordre; mais pour accoutumer les Dragons à manœuvrer sur un plus grand front, on les exercera souvent à ne former que deux escadrons & même qu'un seul.

On suivra d'ailleurs tout ce qui a été prescrit ci-devant à la formation, soit que l'on s'exerce à pied ou à cheval.

TITRE 16.

Du salut.

LES Officiers d'Infanterie & de Dragons, ne salueront de leur arme, que les personnes à qui les Ordonnances défèrent ces honneurs par leur naissance & leur grade; ils n'ôteront jamais leur chapeau ou leur casque à la tête de leur troupe, pour saluer qui que ce soit, à l'exception du Saint-Sacrement.

Les bas Officiers ne salueront personne de leur arme, & n'ôteront leur chapeau ou casque pour qui que ce soit, à l'exception du Saint-Sacrement.

Les Officiers & bas Officiers de Dragons, mettront le sabre à la main, le porteront & le remettront dans le fourreau en même temps & de la même manière que les Dragons.

Quand les Officiers devront saluer du sabre, ils le feront en quatre temps, soit de pied-ferme ou en marchant:

Au premier, lorsque la personne qu'on devra saluer, sera à quatre pas de distance, on élèvera le sabre perpendiculairement, la pointe en haut, le tranchant à gauche, tenant la garde vis-à-vis & à un pied de distance de l'épaule droite, le coude un demi-pied plus bas que le poignet.

Au deuxième, on baissera doucement la lame du sabre, jusqu'à ce que la pointe se trouve vers l'étrier.

Au troisième, on relèvera le sabre, la pointe en haut, le tenant comme au premier temps.

Au quatrième, on portera le sabre à l'épaule, comme il est prescrit pour les Dragons.

Tous les Officiers qui marcheront à la tête d'une troupe, salueront ensemble, réglant leurs mouvemens sur ceux de l'Officier qui sera à la droite ou à la gauche, suivant le côté où sera placée la personne qu'on devra saluer; mais lorsque cette personne passera devant le front de la troupe, chaque Officier la saluera successivement, à mesure qu'elle s'approchera de lui, & qu'elle en sera à quatre pas.

Lorsque les Soldats ou Dragons ne seront point sous les armes, & qu'ils rencontreront dans les rues, des Officiers, ils les salueront sans s'arrêter, les Soldats en ôtant leur chapeau, & les Dragons en inclinant un peu le haut du corps & portant la main à la visière du casque.

TITRE 17.

De l'assemblée particulière des Dragons à cheval.

CHAPITRE 1.er

DE L'ASSEMBLÉE DE CHAQUE COMPAGNIE
ET DE LA VISITE QUI DOIT EN ÊTRE FAITE.

LORSQUE les Dragons d'une Légion, devront monter à cheval, pour s'exercer particulièrement ou pour tout autre objet, les Tambours rappelleront à l'heure qui aura été indiquée.

À ce signal, les Dragons brideront leurs chevaux (& si l'on doit partir, ils les chargeront), & chaque Brigadier se rendra avec les Dragons de sa chambrée, au rendez-vous de la compagnie, où se trouveront les Maréchaux-des-logis & le Fourrier, pour former les divisions sur deux rangs ouverts, en faire l'appel, & examiner s'il ne manque rien aux hommes ni aux chevaux, ainsi qu'aux différentes parties de l'armement, de l'habillement, de l'équipement & de l'harnachement.

Les Officiers se trouveront alors au rendez-vous de leur compagnie, & le Capitaine, après s'être fait rendre compte par le Fourrier s'il n'y manque personne, fera les commandemens nécessaires pour faire monter les Dragons à cheval (s'ils n'y sont pas déjà); après quoi il passera par-devant & par-derrière les rangs, de même que le Lieutenant & le Sous-lieutenant, qui l'aideront dans cette visite, pour examiner si les Dragons ont la tenue convenable, si les chevaux sont bien harnachés, & s'il ne manque rien en tout point, ni aux hommes ni aux chevaux.

Si le Capitaine juge nécessaire de faire l'inspection des armes, il fera les commandemens prescrits ci-après pour l'inspection; si au contraire, il étoit nécessaire de s'assembler avec célérité, il conduiroit sa compagnie sans perte de temps, au quartier d'assemblée du régiment.

Toutes les fois qu'on sera en route, on ne fera monter les Dragons à cheval qu'au moment où l'on battra *à cheval:* on ne fera point les commandemens de l'inspection, mais on examinera avec soin, si les chevaux sont bien harnachés, bien chargés, & si rien ne peut les blesser.

CHAPITRE 2.

DE L'INSPECTION À CHEVAL.

1.

Prenez garde à vous.

2.

Préparez-vous pour l'inspection.

A ce commandement, les Dragons feront *haut le mousqueton,* passeront le mousqueton à gauche, & mettront la baguette dans le canon, plaçant ensuite la main droite au bout du canon.

Ces

Ces mouvemens étant exécutés, le Capitaine & le Lieutenant parcourront chacun le front d'un rang pour faire l'inspection des armes.

Lorsqu'on voudra examiner seulement si les mousquetons sont chargés ou non, les Dragons ne bougeront point de leur position; & dès que l'Officier aura dépassé de deux hommes le Dragon qui aura été inspecté, celui-ci sans attendre de commandement, remettra la baguette & le mousqueton en son lieu pour ensuite prendre les pistolets, ainsi qu'il est prescrit ci-après.

Si on veut de plus examiner le mousqueton, l'Officier en arrivant au premier homme du rang, commandera *montrez vos armes;* alors celui-ci montrera son mousqueton en deux temps :

Au premier, élevant le mousqueton de la main gauche, sans donner de saccade au cheval, il le saisira de la droite à la poignée.

Au deuxième, abandonnant le mousqueton de la main gauche, il l'élevera de la droite pour le tenir perpendiculaire, la platine en avant & à hauteur de la cravate, à un pied de distance environ; après quoi il repassera le mousqueton à gauche par les mouvemens contraires.

Dès que le Dragon qui aura été inspecté, fera son premier temps pour passer le mousqueton à gauche, celui qui devra l'être à son tour, commencera au même moment son premier temps pour montrer son mousqueton, & ainsi des autres qui exécuteront successivement tous les mouvemens prescrits pour le premier Dragon.

Dès que l'Officier aura dépassé de deux hommes le Dragon qui aura été inspecté, celui-ci sans attendre de commandement remettra la baguette & le mousqueton en son lieu; après quoi découvrant les pistolets, il prendra le pistolet gauche, mettra la baguette dans le canon, ensuite le pistolet droit, & mettra de même la baguette dans le canon, les tenant tous deux dans la main gauche, pour enſuite les tenir un dans chaque main la platine en avant, le bout élevé.

Le Capitaine & le Lieutenant ayant fait l'inſpection du mouſqueton, feront celle des piſtolets ; dès qu'ils feront paſſés, chaque Dragon remettra ſucceſſivement la baguette & chaque piſtolet en ſon lieu, après quoi il mettra le ſabre à la main, & le portera le dos de la lame appuyé à l'épaule.

Le Capitaine & le Lieutenant parcourront alors le front & la queue du rang qu'ils inſpecteront, pour en faire un dernier examen, & voir toutes les parties de l'habillement & de l'harnachement, entrant à cet égard dans tous les détails preſcrits ci-devant pour l'aſſemblée des compagnies, & ne négligeant rien de tout ce qui peut avoir rapport à la tenue & à la conſervation de la troupe.

A meſure que l'Officier qui fera l'inſpection, s'arrêtera devant chaque Dragon, celui-ci préſentera le ſabre en trois temps :

Au premier, il le portera en avant, le bras demi-tendu, la coquille à hauteur & à un pied de diſtance de la cravate, le ſabre perpendiculaire, le plat de la lame en avant, le tranchant à gauche, & le pouce alongé ſur le côté droit de la poignée ; obſervant de repaſſer le petit doigt ſur la poignée toutes les fois qu'il détachera le ſabre de l'épaule.

Au deuxième, il tournera le poignet en dehors, pour préſenter l'autre côté de la lame le tranchant à droite.

Au troiſième, dès que l'Officier ſera paſſé, le Dragon portera le ſabre à l'épaule, en retournant le poignet en dedans.

Ce dernier examen étant fini, le Capitaine commandera :

3.

Remettez le ſabre.

En deux temps :

Au premier, détachant le ſabre de l'épaule, on l'élèvera perpendiculairement la pointe en haut, la coquille à hauteur & à un pied de diſtance de la cravate, comme il vient d'être preſcrit.

Au deuxième, laissant couler les rênes dans la main gauche, on saisira le fourreau, & on baissera la lame de manière qu'elle passe en croix le long du bras gauche la pointe derrière: on la remettra dans le fourreau, & replaçant ensuite les rênes dans la main gauche, on tournera la tête à droite, laissant tomber la main droite sur le côté.

4.

Ajustez vos rênes.

En deux temps:

Au premier, on les prendra au-dessus & tout près de la main gauche, avec le pouce & le premier doigt de la main droite, le pouce en dedans: on coulera ces deux doigts fort doucement jusqu'au bouton qu'on élèvera perpendiculairement devant soi, au-dessus de la main gauche, dont on ouvrira un peu les doigts pour laisser couler les rênes, la main droite s'élevant en même temps plus haut d'un demi-pied que le coude.

Au deuxième, se réglant sur la droite, on abattra vivement les rênes en replaçant la main droite sur la cuisse.

L'inspection étant finie, si le Lieutenant a remarqué quelque chose de défectueux, il en rendra compte au Capitaine, qui y fera remédier sur le champ autant qu'il sera possible.

Si la compagnie doit être exercée au feu, le Fourrier distribuera des cartouches à poudre.

Lorsqu'on voudra faire charger les armes, le Capitaine fera l'avertissement, *prenez garde à vous*, & commandera ensuite:

Chargez vos armes.

A ce commandement, les Dragons feront *haut le mousqueton*, ensuite *arme plate:* ils ouvriront le bassinet, prendront la cartouche, & chargeront le mousqueton & ensuite les pistolets, sans autre commandement.

Si on ne veut faire charger que les pistolets, au lieu du commandement ci-dessus, on commandera, *chargez les pistolets.*

CHAPITRE 3.

DE LA MARCHE DE CHAQUE COMPAGNIE
AU LIEU D'ASSEMBLÉE.

TOUT étant difposé, le Capitaine fera ferrer les rangs & compter fa compagnie par quatre, commençant en même temps par la droite de chaque rang; après quoi (les Officiers s'étant placés à la tête de leur divifion), il fera rompre fa compagnie fur un front proportionné au terrein qu'il aura à parcourir pour fe rendre au quartier d'affemblée du régiment, où en arrivant il la placera dans le rang qu'elle devra tenir dans l'ordre de bataille du régiment; alors le Major & les Officiers-majors qui auront dû fe rendre d'avance au lieu d'affemblée, parcourront le front & la queue du régiment, pour en compléter les files & égalifer toutes les divifions.

Le Colonel ou autre Commandant du Corps, fe trouvera au lieu d'affemblée le plus tôt poffible, & il en fera faire une infpection générale par les Officiers-majors, s'il le juge à propos; il fera enfuite ferrer les rangs, s'ils font ouverts, & fera rompre le régiment, pour le mettre en marche & fe rendre fur le terrein deftiné aux Exercices.

CHAPITRE 4.

DE L'ARRIVÉE DU RÉGIMENT
SUR SON TERREIN D'EXERCICE.

LE régiment étant arrivé fur le terrein où il devra être exercé, y fera formé en bataille, ainfi que le Commandant le jugera à propos.

Si le régiment doit être vu en parade, le Commandant fera ouvrir les rangs, & s'il doit rendre des honneurs, il fera mettre le fabre à la main, & les Officiers falueront du fabre.

Si au contraire le régiment doit être exercé tout de

suite aux manœuvres, le Commandant se portera seul à trente pas environ en avant du front, pour faire les commandemens; mais avant de faire exécuter aucune manœuvre, il avertira les Officiers de se rendre à leur place de bataille : cet avertissement sera suivi d'un roulement, après lequel, les Officiers se placeront sur les flancs des escadrons & en serre-file, ainsi qu'il est prescrit ci-devant.

TITRE 18.

Du maniement des armes à cheval.

CHAPITRE 1.er

OBSERVATIONS GÉNÉRALES.

LE maniement des armes n'étant nécessaire aux Dragons que pour leur apprendre à manier & à charger leur arme à cheval, sera compris comme Exercice de détail, & ne se fera jamais en plus grand nombre que par une compagnie ou un escadron, jusqu'à ce que les Dragons en soient suffisamment instruits; mais toutes les fois que les quatre escadrons d'une Légion seront assemblés, on n'exécutera d'autres temps ni commandemens, que ceux qui seront nécessaires pour aller à la charge.

On observera dans le maniement des armes à cheval, de mettre deux secondes entre l'exécution de chaque temps des commandemens qui en auront plusieurs, & celui qui commandera le maniement des armes, ou l'homme d'aile, mettra quatre secondes de repos entre la fin d'un commandement & le commencement du suivant.

Quant à l'exécution des mouvemens, on aura attention à ce que les Dragons les brusquent tous, & qu'à la fin de chaque temps, il y ait une cessation totale de mouvement.

Lorsqu'un Dragon laissera tomber sa baguette ou son chapeau, en quelque temps de l'exercice que ce soit, il ne les ramassera point, & il attendra que le Commandant de la troupe ordonne à un Maréchal-des-logis ou autre, de le faire.

CHAPITRE 2.

COMMANDEMENS DU MANIEMENT DES ARMES
À CHEVAL.

Le Commandant fera l'avertissement :

Prenez garde à vous, pour le maniement des armes.

A cet avertissement, l'homme d'aile se portera en avant de la droite.

PREMIER COMMANDEMENT.

Haut les armes.

En deux temps :

Au premier, on saisira le mousqueton de la main droite à la poignée, pour le placer en avant de la botte.

Au deuxième, on élèvera le mousqueton pour appuyer la crosse sur la cuisse, le bout en haut & vis-à-vis l'épaule droite.

2.

Apprêtez vos armes.

En un temps :

On armera le mousqueton avec le pouce, sans le secours de la main gauche, en tirant le chien en arrière jusqu'à ce qu'on l'ait entendu se loger dans le cran, le premier doigt sur la sougarde.

3.

En joue.

En un temps :

On portera de la main droite la crosse du mousqueton à l'épaule droite, & pour soutenir le mousqueton, on avancera la main gauche vers la tête du cheval, sans quitter les rênes ni les alonger, autant qu'il sera possible, plaçant en même temps le premier doigt de la main droite fur la détente.

4.

Feu.

En un temps :

On appuiera le premier doigt fur la détente, fans baiffer la tête ni faire aucun mouvement, & un temps après, on ramènera le moufqueton horizontalement, ou armes plattes fur la main gauche, qui fe rapprochera de la platine, le pouce le long du bois, plaçant le pouce droit & le premier doigt ployé fur la vis du chien.

5.

Chien en fon repos.

En un temps :

On relèvera le chien jufqu'à ce qu'il s'arrête dans le premier cran, la main droite reftant à fa pofition.

6.

La Cartouche.

En trois temps :

Au premier, on portera la main droite au porte-cartouche pour en tirer la cartouche,

Au deuxième, on portera la cartouche à la bouche pour la déchirer, en mordant jufqu'à la poudre.

Au troifième, on la portera au baffinet pour amorcer, & on placera enfuite les trois derniers doigts derrière la batterie, tenant la cartouche droite entre le pouce & les deux premiers doigts.

7.

Fermez le baffinet.

En un temps :

On fermera le baffinet, & on reportera la main droite derrière la platine, faififfant la poignée entre les deux derniers doigts & la paume de la main.

8.

Armes à gauche.

En deux temps :

Au premier, on paffera la croffe à gauche entre les rênes & le corps, la platine en avant, étendant le bras droit de toute fa longueur, & la main gauche le faifira au-deffus du porte-anneau, le pouce gauche fur l'extrémité du bois, plaçant la croffe entre la fonte & le corps du cheval.

Au deuxième, on mettra la cartouche dans le canon, donnant enfuite un coup du talon de la main contre le canon, & on faifira la baguette avec le pouce & le premier doigt, le coude haut & la main renverfée en dedans.

9.

Bourrez.

En fix temps :

Au premier, on fortira la baguette hors des tenons jufqu'à moitié de fa longueur, & coulant enfuite la main jufqu'à l'extrémité du bois, on la faifira vers le milieu.

Au deuxième, on achèvera de la tirer, la faifant enfuite tourner pour porter le gros bout à l'orifice du canon & l'y faire entrer d'environ un pouce.

Au troifième, on chaffera la baguette dans le canon, & on la faifira avec le pouce & le premier doigt, à un pouce du petit bout, au moment qu'elle rebondira.

Au quatrième, on la fortira jufqu'à moitié de fa longueur, & renverfant la main, on la faifira près du bout du canon.

Au cinquième, on achèvera de la fortir du canon & l'ayant fait tourner, on portera le petit bout à l'entrée du porte-baguette, on la fera couler dans les tenons jufqu'à ce que le gros bout foit de quatre doigts environ plus bas que le bout du canon, & on placera enfuite le talon de la main fur le gros bout.

Au fixième, on l'enfoncera d'un feul coup, & on élèvera le moufqueton de la main gauche fans donner de faccade au cheval, pour le faifir de la main droite à la

poignée,

poignée, paffant la croffe entre les rênes & le corps, &
le tenir horizontalement ou armes plattes.

10.

Haut les armes.

En un temps:

On élèvera le moufqueton de la main droite, & le
quittant de la main gauche, on portera la croffe fur le plat
de la cuiffe, le bout en haut & vis-à-vis l'épaule droite.

11.

L'arme en fon lieu.

En un temps:

On baiffera le bout du moufqueton pour le laiffer tomber
le long de la cuiffe droite, la croffe en haut, & on placera
la main droite fur le côté.

12.

Découvrez les piftolets.

En un temps:

On découvrira les piftolets, & on placera la peau de la
felle fous les cuiffes.

13.

Piftolet à la main.

En un temps:

On prendra de la main droite par-deffus les rênes, le
piftolet gauche à la croffe, on le fortira de la fonte, &
on le placera fur la main gauche dont on le tiendra, le
bout un peu élevé vers l'oreille gauche du cheval, le pouce
le long du bois, plaçant le pouce de la main droite fur le
chien, & le premier doigt fur la partie fupérieure de la
fougarde.

14.

Apprêtez le piftolet.

En deux temps:

Au premier, on armera le piftolet avec le pouce, le
tenant toujours de la main gauche.

Au deuxième, on l'élèvera, le bout en haut, le poignet à hauteur de l'épaule droite & à un demi-pied de distance, la fougarde en avant.

15.

En joue.

En un temps :

En alongeant doucement le bras en avant, on passera le premier doigt sur la détente, tenant la fougarde en dessous, mais inclinée un peu à droite, le bout du pistolet directement devant soi, & un peu plus bas que le poignet.

16.

Feu.

En deux temps :

Au premier, on appuiera le doigt sur la détente, sans faire aucun mouvement de tête, & un temps après, on reportera le pistolet sur la main gauche, dont on le saisira près de la partie supérieure de la platine, le pouce le long du bois ; on relèvera le chien pour le mettre en son repos, & on fermera la batterie.

Au deuxième, on remettra le pistolet dans la fonte, & on reportera la main droite sur la cuisse.

On répètera les mêmes commandemens que ci-dessus pour faire *feu* du second pistolet, en observant de placer les doigts entre la crosse & la selle, les ongles en dessous, pour le sortir de la fonte.

17.

Couvrez les pistolets.

En un temps :

On retirera la peau de dessous les cuisses, pour la replacer & l'assujettir dessus les fontes avec la courroie.

18.

Dégagez le sabre.

En un temps :

On portera la main droite par-dessus les rênes, en

regardant à gauche ; on paſſera le poignet dans le cordon, & on prendra le ſabre à la poignée pour dégager la lame d'environ quatre doigts du fourreau.

19.

Sabre à la main.

En un temps :

On tirera vivement le ſabre, pour le porter à l'épaule droite, le dos de la lame appuyé contre l'épaule, le poignet un peu plus bas que la main gauche, laiſſant échapper le petit doigt derrière la poignée, & on retournera la tête à droite.

20.

Haut le ſabre.

En un temps :

Paſſant le petit doigt ſur la poignée, le premier rang diſpoſera le ſabre en avant pour pointer, le poignet tourné en tierce & à hauteur des yeux, le bras preſque tendu, le tranchant de la lame à droite, la pointe un peu plus baſſe que le poignet ; & le deuxième rang élèvera le ſabre, le bras demi-tendu, le poignet perpendiculaire ſur l'épaule droite & un peu plus élevé que la tête, le tranchant de la lame en l'air, la pointe derrière, mais inclinée un peu à gauche, & plus élevée d'un pied environ que le poignet.

21.

Portez le ſabre.

En un temps :

On le portera à l'épaule droite, comme il a été preſcrit ci-devant, le petit doigt ſe replaçant derrière la poignée.

22.

Remettez le ſabre.

En deux temps, comme au troiſième commandement de l'inſpection à cheval.

23.

Ajustez vos rênes.

En deux temps, comme au quatrième commandement de l'inspection à cheval.

TITRE 19.

Principes généraux pour les Manœuvres.

CHAPITRE 1.er

PREMIERS ÉLÉMENS.

POUR faire manœuvrer une troupe, il faut être instruit des principes généraux sur lesquels les manœuvres doivent être réglées.

Un rang, est formé de plusieurs hommes à côté les uns des autres.

Une file, est formée de plusieurs hommes les uns derrière les autres.

Un régiment en bataille, est formé de tous ses escadrons à côté les uns des autres.

Un régiment en colonne, est formé de tous les escadrons, compagnies ou divisions, &c. les unes derrière les autres.

Intervalle, est l'espace vide qui se trouve entre les escadrons d'un régiment formé en bataille.

Lorsque les intervalles sont égaux au front des escadrons, on dit alors que le régiment est formé dans un *ordre de bataille tant plein que vide;* mais lorsqu'il n'y a aucun intervalle entre les escadrons, *l'ordre de bataille est plein* ou (ce qui est la même chose) *en muraille.*

Un régiment formé en bataille par la gauche, est celui dont les premiers escadrons se trouvent placés à la gauche de la ligne, & les derniers à la droite.

Colonne

Colonne renversée, est celle dont les dernières troupes de la colonne se trouvent en avoir la tête.

Distance, est l'espace vide qu'il doit y avoir entre chaque troupe d'une colonne.

Marche diagonale; elle n'est ainsi nommée que par rapport à l'alignement d'où l'on part, puisqu'elle devient directe après le demi-quart de conversion qui dispose la troupe à marcher de front sur le point déterminé.

Marche oblique, c'est se porter en avant en gagnant du terrein vers la droite ou vers la gauche sans changer de front.

Tête à botte, c'est faire un *demi à droite* ou un *demi à gauche* par file, pour disposer l'escadron à marcher plus ou moins obliquement vers l'un des flancs, soit pour se mettre en bataille, ou se reployer en colonne, chaque Dragon portant successivement la tête de son cheval à côté de la botte de celui qui le précède à mesure qu'il se dégage du rang, & marchant enchaînés les uns aux autres.

Pivot, est l'homme de l'une des ailes du premier rang d'une troupe qui fait une conversion, lequel forme le point central de la conversion.

Pivot mouvant, est le même homme qui pendant la conversion gagne plus ou moins de terrein en avant.

Déboîtement, exprime le commencement d'une conversion exécutée par plusieurs divisions en bataille, dont l'aile de chacune se sépare (*ou* se déboîte) du pivot de la division qui lui est voisine.

Emboîtement, exprime de même la fin d'une conversion exécutée par plusieurs divisions en colonne pour se mettre en bataille, dont l'aile de chacune se joint (*ou* s'emboîte) au pivot de la division qui la précède.

Serre-file, est la place qu'occupent les Officiers & bas Officiers, derrière leur troupe.

H h

Profondeur ou *hauteur*, exprime la quantité de rangs dont une troupe est composée; on dit qu'une troupe est sur *deux, trois* ou *six de hauteur*, lorsqu'elle est composée de deux, de trois ou de six rangs.

Pour connoître le front d'une troupe & en évaluer la profondeur, il est nécessaire de savoir, que chaque cheval monté occupe en épaisseur le tiers de sa longueur: cette épaisseur est un peu moins de trois pieds; mais pour éviter les fractions, & arriver au même but par un calcul plus aisé, on la suppose à trois pieds ou à un grand pas, par conséquent une troupe de douze hommes de front, occupe douze pas de front, & les deux rangs occupent six pas de profondeur, sur lesquels il se trouve l'espace nécessaire d'un rang à l'autre pour que le second rang puisse marcher sans donner d'atteintes au premier.

Les hommes d'un même rang doivent être alignés de manière que les pommeaux des selles soient sur la même ligne, & assez près les uns des autres pour que les bottes se touchent sans se presser.

Chaque Dragon, pour être bien aligné, ne doit point voir le rang ni par-devant ni par-derrière, il ne doit voir que son voisin de la droite lorsqu'on s'aligne à droite, ou son voisin de la gauche quand on s'alignera à gauche: il doit donner un coup d'œil sur le pommeau de la selle de son voisin, sans porter le corps en avant pour voir le rang; les selles étant bien alignées, les rangs le seront aussi.

Les Dragons du second rang doivent avoir de plus l'attention d'être sur la direction de leur chef-de-file.

Toute division destinée à manœuvrer, doit avoir plus ou moins de front relativement à la quantité des rangs dont elle est composée: savoir, lorsqu'une troupe devra manœuvrer par rangs, elle pourra se mouvoir circulairement par division de quatre hommes, & le feroit difficilement par division de trois.

Si les deux rangs doivent manœuvrer ensemble, les divisions auront de même un front plus étendu que n'est la profondeur des rangs, pour pouvoir se mouvoir circulairement, quoiqu'à la rigueur il soit possible de le faire sur un front égal à la profondeur (c'est-à-dire sur six hommes de front); mais il faut avoir égard à la ligne diagonale qui part du pivot du premier rang, & qui se termine au Dragon du second rang de l'aile opposée, laquelle excède plus ou moins le front de la troupe, suivant que ce même front est plus petit ou plus grand: c'est pourquoi, plus les divisions auront de front, moins la diagonale sera sensible, & plus le déboitement des ailes qui auront à tourner, sera facile.

La distance entre les rangs ouverts à cheval, sera de quatre grands pas ou de douze pieds, depuis la croupe du cheval de devant, jusqu'à la tête de celui qui le suit, & elle ne sera que d'un pied environ lorsque les rangs devront être serrés.

L'intervalle ordinaire d'un escadron à l'autre, sera de la moitié du front d'un escadron: il ne sera pas plus considérable d'un régiment à un autre.

Plus les intervalles seront petits, & moins les flancs des escadrons seront exposés; c'est pourquoi on pourra varier sur cette règle, relativement aux circonstances, & même les former en muraille si le cas l'exige.

Les escadrons qui seront en seconde ligne, conserveront au moins un intervalle égal à leur front, afin que dans les mouvemens rétrogrades, les escadrons de la première ligne puissent passer aisément de front dans les intervalles de la seconde.

CHAPITRE 2.

RÈGLES À OBSERVER
POUR FAIRE MOUVOIR UNE TROUPE.

CHAQUE commandement pour faire mouvoir une Troupe sera précédé de cet avertissement, *attention*, qui servira de signal aux Dragons pour rassembler leurs chevaux & prêter toute leur attention.

Ils se mettront en mouvement au mot *marche*, & s'arrêteront au mot *halte*.

Lorsqu'on commandera *un quart* ou *une demi-conversion*, à une troupe qui sera de pied-ferme; dès que la troupe ou que chaque division de cette troupe aura achevé son mouvement, elle sera *halte* sans commandement, & ne se portera ensuite en avant, qu'au mot *marche*; mais lorsqu'on commandera l'un de ces mouvemens à une troupe qui sera en marche, la troupe ou chaque division de cette troupe, après l'avoir exécuté, continuera à se porter en avant, & ne s'arrêtera qu'au mot *halte*.

Quand on fera le seul commandement *marche* à une troupe qui sera de pied-ferme, soit en bataille ou en colonne, toute la ligne ou chaque troupe de la colonne s'ébranlera en même temps, pour marcher au pas seulement.

Lorsqu'une troupe marchera, soit en bataille ou en colonne, & qu'il aura été ordonné de faire *un quart* ou *une demi-conversion* par division quelconque, l'aîle qui devra tourner exécutera son mouvement du même degré de vitesse, dont la troupe marchoit précédemment & sans l'augmenter, afin que chaque division arrive en même temps; mais lorsqu'on voudra accélérer ce mouvement, le Commandant en fera l'avertissement avant celui de *marche*, alors chaque division augmentera son degré de vitesse pour l'exécution du quart ou de la demi-conversion seulement, & s'alignera vivement en se portant ensuite en avant.

CHAPITRE 3.

CHAPITRE 3.

CIRCONSTANCES QUI DOIVENT DÉTERMINER
LA MANIÈRE DE ROMPRE UNE LÉGION.

LE principe à suivre pour rompre une Légion, & pour la faire marcher sur un plus grand ou sur un plus petit front, doit être assujetti aux circonstances.

Lorsqu'on a pour objet de marcher à l'ennemi, il faut s'éloigner le moins qu'il est possible de l'ordre de bataille; en conséquence on se rompra par le plus grand front que le terrein permettra de marcher, & s'il se trouvoit des défilés (ou un terrein plus resserré à passer), chaque troupe après l'avoir passé, se reformeroit, telle qu'elle étoit avant de le passer ou même sur un plus grand front, si le terrein le permettoit, afin que (la colonne ayant moins d'étendue) elle soit plus susceptible d'être formée promptement en bataille, si le cas l'exigeoit.

Lorsqu'on n'aura d'autre objet en rompant une Légion, que celui de la mettre en route, on préférera de la rompre par un petit front, pour marcher avec plus d'aisance & moins de sujettion.

Quant à la manière de se rompre, on doit préférer celle qui conduit par la voie la plus courte ou avec le moins de chemin à l'objet qu'on se propose; en conséquence lorsqu'on voudra former une légion en colonne par division quelconque, elle se rompra carrément, c'est-à-dire, que toutes les divisions, excepté la première de la colonne, se porteront par un *à droite* ou par un *à gauche* sur le terrein qu'occupoit celle qui en aura la tête.

Lorsqu'on n'aura d'autre objet que celui de gagner du terrein en avant, on préférera de se rompre diagonalement, c'est-à-dire, que toutes les divisions se porteront par le chemin le plus court sur la direction de celle qui aura la tête de la colonne, autant que le terrein le permettra.

I i

On distinguera ces différentes manières de se rompre par les commandemens suivans:

Au commandement *Divisions, &c. formez la colonne*, on se rompra carrément; mais au commandement *Division, &c. rompez la légion en avant*, on se rompra diagonalement.

CHAPITRE 4.

DE LA MARCHE EN COLONNE.

LORSQU'ON sera le commandement pour rompre un régiment ou le former en colonne par escadron, compagnie, &c. soit en avant ou en arrière, la droite ouvrira toujours la marche, sans qu'il soit besoin de l'en prévenir; mais lorsqu'on voudra que ce soit la gauche qui marche la première, ou l'un des escadrons du centre, on en fera mention dans le commandement.

Lorsqu'un régiment se rompra en colonne par compagnie, pour se mettre en marche ou se rendre sur le terrein où il devra s'exercer, les Officiers supérieurs marcheront à la tête de la colonne; le Capitaine, le Lieutenant & le Sous-lieutenant de chaque compagnie marcheront à la tête de leur compagnie, le Lieutenant à la droite & le Sous-lieutenant à la gauche du Capitaine, le Fourrier marchera en serre-file derrière la compagnie.

Lorsque les compagnies se rompront par division, le Capitaine & le Lieutenant marcheront à la tête, le Sous-lieutenant marchera à la tête de la seconde division, le Fourrier de la première compagnie de chaque escadron marchera sur le flanc de la seconde division, & le Fourrier de la seconde compagnie de l'escadron, ainsi qu'il vient d'être prescrit, en serre-file derrière sa compagnie.

Lorsqu'ensuite les divisions se rompront par quatre, par deux ou qu'elles défileront, les Officiers marcheront dans le même ordre à la tête de leur division.

Dans l'un & l'autre cas les Officiers-majors marcheront sur le flanc de la colonne, & n'auront aucune place fixe.

Les Tambours resteront à la droite de leur escadron, toutes les fois qu'il ne sera rompu que par compagnie, mais s'il est rompu par division, &c. ils formeront une division particulière qui marchera à la tête de l'escadron.

Lorsqu'après avoir marché en colonne par division, on formera les escadrons en avant ou le régiment en bataille, les Officiers continueront de marcher à la tête de leur troupe, jusqu'à ce que le Commandant leur ait fait l'avertissement de prendre leurs places de bataille ; alors ils se placeront ainsi qu'il est prescrit pour la formation des escadrons, & ne marcheront à la tête de leurs divisions que lorsqu'elles se rompront : savoir, lorsqu'on fera des *demi-conversions* par compagnie, le Capitaine de serre - file de chaque escadron, ira se placer en serre-file derrière l'escadron ; si au contraire on ne fait qu'un *quart de conversion* par compagnie, il restera sur le flanc de l'escadron ; mais si l'on doit marcher en colonne, il marchera à la tête de sa compagnie.

Lorsqu'on fera des *demi-conversions* par division ou par quatre, le Capitaine & les Fourriers de serre-file de chaque escadron, feront chacun *demi - tour à droite* pour marcher à la tête de l'escadron, & le Commandant d'escadron marchera en serre - file ; si au contraire on ne fait qu'un *quart de conversion* par division, le Capitaine & les Fourriers de serre-file, resteront sur le flanc des divisions ; mais si la colonne devoit ensuite se porter en avant, tous les Officiers & Fourriers marcheroient, comme il est prescrit ci-dessus, à la tête de leur division, & se replaceroient dans les rangs & en serre-file, à mesure qu'on reformeroit les compagnies & les escadrons.

Lorsqu'on fera des *à droite* ou des *à gauche* par quatre, pour marcher par le flanc, le Commandant d'escadron, le Capitaine & les Fourriers de serre-file marcheront sur les flancs de la colonne, & les autres Officiers marcheront à la tête ou à la queue de la colonne, ainsi qu'ils se trouveront.

On obſervera en marchant en colonne, que les files des ailes de chaque diviſion, ſoient toujours alignées par la droite ou par la gauche, ſur celles de la diviſion qui aura la tête de la colonne, vers le côté par lequel on aura tourné en dernier lieu, en marchant, ou que l'on devra ſe mettre en bataille.

Ces mêmes files, qui n'auront d'autre attention que de bien marcher à leur direction, & à ne laiſſer tout au plus qu'un petit pas de diſtance de la croupe du cheval de l'Officier (qui marchera à la tête de la diviſion) au premier rang de la diviſion, ſerviront chacune de guide à leur rang, pour être aligné, ſoit par la droite ou par la gauche.

Les Dragons éviteront en s'alignant, de porter machinalement la main du côté où ils regarderont, devant la tenir aſſurée devant eux, pour contenir leurs chevaux bien droits dans les jambes, ſans ouvrir leur rang ni ſe ſerrer ſur leur guide.

Lorſque pour une revue, on défilera en colonne, les Dragons regarderont, pour ce moment, du côté de la perſonne devant laquelle on paſſera.

Les Officiers & bas Officiers ſeront tenus de marcher dans le plus grand ordre, & d'avoir l'œil à ce que les Dragons de leur diviſion ne ſe négligent point, qu'ils obſervent le ſilence, & qu'ils marchent ſerrés dans les rangs comme ils doivent l'être.

On marchera en colonne, de trois manières, ſuivant les circonſtances ; ſavoir, à diſtances ouvertes, à demi-diſtances, & en ordre ſerré ou, ce qui eſt la même choſe, en maſſe.

Lorſqu'on marchera *à diſtances ouvertes*, l'Officier qui ſera à la tête de chaque diviſion, aura attention à ne pas laiſſer plus de diſtance du premier rang de ſa troupe au premier rang de celle qui la précèdera, qu'il n'en faudra à cette troupe pour ſe mettre en bataille ; la première troupe de chaque escadron observant en outre la distance prescrite pour l'intervalle d'un escadron à l'autre.

L'Officier-major attaché à chaque escadron, veillera avec soin à l'observation de ce principe, & à ce que le second rang de chaque division soit toujours serré sur le premier, sans cependant que les chevaux se blessent d'atteintes.

Lorsqu'on marchera *à demi-distances*, l'Officier de chaque troupe, n'observera du premier rang de sa troupe, au premier rang de celle qui la précèdera, que la moitié du front de sa troupe, sans égard aux intervalles des escadrons.

Lorsqu'on marchera *en ordre serré*, on n'observera que trois pas environ, du premier rang d'une division au second rang de celle qui précèdera; les Officiers de la tête de chaque troupe marcheront sur le flanc gauche, & les Officiers & Fourriers de serre-file sur le flanc droit de leur troupe.

Si l'on est *en colonne* pour marcher & faire route, on n'observera que des demi-distances seulement entre les divisions ; le second rang ne sera point si serré, & les Dragons marcheront à leur aise, sans être assujettis à un alignement scrupuleux.

Lorsqu'une troupe *défilera*, ou qu'elle marchera par deux, trois ou quatre, les rangs seront serrés, & on n'observera d'autre distance entre les divisions, que celle qui sera nécessaire aux Officiers pour marcher à la tête de leur troupe.

CHAPITRE 5.
DE LA MARCHE EN BATAILLE.

LORSQU'UNE Légion marchant en colonne, devra se former en bataille en avant, l'objet devant être d'y arriver le plus promptement possible, chaque troupe de la colonne, se dirigera toujours par le chemin le plus court, sur le terrein qu'elle devra occuper en bataille, & jamais par les manœuvres carrées, à moins qu'elle n'y soit forcée par la nature du terrein.

Soit qu'une Légion marche en colonne renversée ou non, elle se formera toujours en bataille dans son ordre naturel, c'est-à-dire que les premières troupes se placeront à la droite de la ligne, à moins d'un commandement contraire.

On observera pour former une colonne en bataille, en tel sens que ce soit, de diriger la première troupe sur le terrein où on voudra placer la droite, ou, si l'on marche par la gauche ou par le centre, sur le terrein où on voudra placer la gauche ou le centre, en gardant l'alignement qu'on devra occuper en bataille ; alors chaque troupe s'alignera en arrivant, sur la première troupe qui se sera formée, soit par la droite, par la gauche ou sur le centre : mais lorsqu'ensuite cette ligne devra marcher en avant, les escadrons ou troupes de la droite se régleront sur la gauche, & ceux de la gauche se régleront sur la droite, afin de s'aligner tous entr'eux sur le centre, en avant duquel marchera un Officier supérieur qui servira de base à l'alignement général.

Lorsque les escadrons exécuteront leur mouvement au galop, pour se mettre en bataille, le Commandant de chaque escadron aura l'attention de ralentir son escadron au trot, quelques pas avant qu'il arrive sur son alignement, afin de ne le point dépasser ni s'arrêter en désordre.

On observera la même règle pour un régiment ou pour toute autre troupe qui marcheroit en bataille au galop, à moins que les circonstances n'exigent d'arrêter sur le champ.

Toutes les fois qu'une troupe seule marchera en avant, les Dragons s'aligneront à droite, sur la file droite qui servira de guide à toute la troupe ; cette file observant de marcher bien droit devant elle, d'avoir souvent l'œil sur le Commandant, & de laisser toujours un pas de distance de ce Commandant au premier rang de la troupe; la file de la droite du second rang servira pareillement de guide à ce rang, & n'aura d'autre attention que de marcher à son chef-de-file & à sa distance.

Lorsque les quatre escadrons d'une Légion marcheront ensemble de front en bataille, la file de la gauche du second escadron, & la file de la droite du troisième escadron seront chargées d'observer de concert ensemble, l'intervalle qu'il devra y avoir entre ces deux escadrons, en dépassant un peu l'alignement, pour soutenir ferme sur leur rang, si l'intervalle se rétrécissoit, ou en abandonnant leur rang plutôt que leur direction s'il s'élargissoit; la file de la gauche du premier escadron sera seule chargée d'observer l'intervalle de son escadron au second; & la file de la droite du quatrième escadron sera de même chargée d'observer seule l'intervalle qu'il doit y avoir de son escadron au troisième, en se conformant à ce qui vient d'être prescrit pour chacune des deux files du centre.

Les Dragons de chaque escadron devant s'aligner sur leur guide, auront attention, lorsque les files seront trop ouvertes, de les resserrer du côté de leur guide; & lorsqu'elles seront trop serrées, de les ouvrir du côté opposé.

Les Commandans d'escadron veilleront à l'observation de ce principe, de même que les Officiers-majors qui parcourront de temps en temps la queue de leur escadron, pour donner aux Dragons les instructions nécessaires, mais en observant de leur parler à voix basse.

Si la ligne étoit composée de plus de quatre escadrons, on se conformeroit pour observer l'intervalle du centre de la ligne, aux mêmes principes qui sont prescrits ci-dessus aux second & troisième escadrons, & pour ceux des ailes à ce qui est prescrit aux premier & quatrième escadrons.

S'il arrivoit, en marchant en muraille sur un grand front, que les files se serrassent insensiblement & au point de déranger l'ordre de bataille, on feroit rester en arrière la division qui se trouveroit la plus serrée, & elle reprendroit ensuite sa place par file à mesure qu'on lui seroit jour.

Pour tous les pas obliques, les Dragons s'aligneront obliquement sur la file du côté où l'on se portera, c'est-à-dire que si l'on se porte vers la droite, on s'alignera à droite, & la file de la droite sera un peu plus avancée que la file de la gauche.

Lorsqu'on voudra faire ouvrir les files à une troupe & les resserrer ensuite, les Dragons s'aligneront de la manière suivante :

Pour ouvrir les files sur la droite, la file de la gauche ne bougera, & tous les Dragons se règleront sur elle, en se portant du côté opposé, pour s'y aligner & s'arrêter à mesure que leur voisin de la gauche fera *halte*, & qu'ils en seront à un pas d'intervalle; le même point d'alignement servira pour resserrer les files sur la gauche.

Lorsqu'on ouvrira les files sur la gauche, on se conformera aux mêmes principes par les mouvemens contraires.

Lorsqu'enfin on ouvrira les files sur les ailes & qu'on les resserrera ensuite sur le centre, les Dragons se règleront sur le centre.

CHAPITRE 6.

DE LA MARCHE DE CONVERSION.

DANS les quarts de conversion qui se feront par plusieurs troupes ensemble, soit en bataille, soit en colonne, les Dragons s'ébranleront tous en même temps au mot *marche;* ils se règleront sur les deux ailes, savoir, dès qu'ils se seront mis en mouvement, ils regarderont l'aile qui tournera pour proportionner sur cette aile leur mouvement de progression relativement au pivot, sur lequel ils auront souvent l'œil, pour s'y aligner & ne point s'en séparer.

Si la conversion se fait *à droite*, ils porteront imperceptiblement la main à droite, & de manière que chaque

Dragon

Dragon dirige les épaules de son cheval sur la ligne circulaire qu'il aura à parcourir, sans serrer ni s'éloigner de son voisin de la droite ; ils fermeront la jambe droite & soutiendront les hanches de la jambe gauche, selon le besoin.

Dans les demi-conversions qui se font un peu légèrement, il arrive pour l'ordinaire que l'aile qui tourne s'ouvre & se sépare de la partie qui soutient; c'est pourquoi il faut que les Dragons de cette aile aient attention de se resserrer (environ au quart du mouvement) sur le côté qui soutient, mais avec beaucoup de modération, & en gagnant toujours du terrein en avant pour éviter le désordre qu'occasionnent les mouvemens trop vifs & trop à coup.

L'Officier, bas Officier ou Dragon qui soutiendra, fera son mouvement le plus carrément qu'il sera possible; & si la troupe devoit continuer de marcher après un quart ou une demi-conversion, il auroit attention, pour n'être pas en retard, de se porter en avant au moment que le mouvement seroit prêt d'être achevé.

Les Dragons du second rang ayant plus d'espace à parcourir que ceux du premier, à mesure qu'ils se trouvent plus près du pivot, exécuteront leur mouvement plus légèrement : ils commenceront par déterminer l'épaule de leurs chevaux à gauche en y portant la main & en fermant la jambe droite pour chasser plus ou moins les hanches, selon qu'ils seront plus ou moins près du pivot; ils les entretiendront en avant de la jambe gauche, ayant attention de diriger toujours les épaules sur la ligne circulaire que chacun d'eux aura à parcourir pour arriver sur son chef-de-file.

Les Dragons du côté de l'aile qui tournera, observeront de mettre beaucoup de vivacité dans leur mouvement, afin que ceux du côté du pivot, puissent agir librement, & ne soient point retardés; pour cet effet, dès que le Dragon du second rang qui se trouvera à l'aile, se sera déboîté du pivot de la troupe qui lui fera voifine, il dépaffera un peu fon chef-de-file en fe portant en dehors jufqu'au moment où le mouvement fera prêt d'être achevé, qu'il fe redreffera alors fur lui, pour marcher fur fa direction ou pour l'emboîtement en bataille.

Pour tous les quarts de converfion qui devront fe faire fucceffivement, par chaque troupe en colonne, on évitera de les faire carrément, & l'on aura attention que le pivot décrive toujours un quart de cercle d'environ cinq pas pour le front d'une demi-compagnie ou divifion, & pas davantage pour un plus grand front (puifqu'alors les diftances entre chaque troupe deviennent plus grandes); en conféquence, lorfque la première troupe d'une colonne aura fait fon mouvement, la feconde commencera le fien, trois pas environ avant que fon premier rang foit à la hauteur de la file (qui aura foutenu) de la troupe qui la précèdera; c'eft à quoi les Officiers, Officiers-majors & bas Officiers auront la plus grande attention : par ce principe, le pivot n'ayant rien qui le gêne pour gagner toujours un peu de terrein en avant, c'eft-à-dire vers le côté où il devra tourner, ne fera point dans le cas de fe jeter du côté oppofé à celui où l'on tournera, & ne retardera point celui de la troupe qui le fuivra, lequel obfervera la même règle.

Les Dragons de l'aile qui tournera augmenteront toujours leur degré de vîteffe pour ce quart de converfion, & fe règleront principalement fur le Dragon du pivot, qui n'aura d'autre attention pendant ce mouvement que de regarder fon chef-de-file de la troupe qui le précèdera, pour fe maintenir fur fa direction & marcher à fa diftance, fans fe régler en aucune façon fur le Dragon de l'aile.

Dès que le Commandant de la divifion qui devra tourner à fon tour, aura la tête de fon cheval à la hauteur de la file (qui aura foutenu) de la troupe qui le précèdera, il commandera par abréviation *marche;* alors toute la divifion tournera du même côté que la troupe qui la précèdera aura tourné, ce qui étant exécuté, cette division se portera en avant sans autre commandement.

Si les divisions de la colonne n'observoient entre elles qu'une demi-distance, on feroit parcourir au pivot de chaque division qui tourneroit, un quart de cercle assez grand pour que deux divisions puissent se trouver en même temps sur le même quart de cercle; au moyen de quoi, il ne seroit point nécessaire d'augmenter les distances pour changer la direction de la colonne.

Lorsqu'on marchera en colonne par deux, trois ou quatre, chaque rang qui devra tourner, se conformera au même principe & sans que jamais le pivot s'arrête.

L'intention de Sa Majesté est qu'on commence par expliquer fort clairement toutes les manœuvres aux Dragons, qu'on les leur fasse d'abord exécuter au pas & lentement, jusqu'à ce qu'ils les conçoivent bien ; qu'ensuite on les leur fasse exécuter au trot & plus légèrement à mesure qu'ils seront plus instruits ; & qu'enfin on augmente cette légèreté, jusqu'à ce que toutes les manœuvres s'exécutent avec la plus grande célérité.

TITRE 20.

Des Manœuvres de détail.

CHAPITRE 1.er

MONTER À CHEVAL.

UN régiment étant assemblé à rangs ouverts, les Dragons tenant leurs chevaux par la bride & leur tournant le dos, ainsi qu'il est prescrit ci-après au quatrième commandement du *Chapitre 7*, pour mettre pied à terre, on commandera :

I.

Attention.

2.

Préparez-vous pour monter à cheval.

3.

À cheval.

4.

Reprenez vos rangs.

Au deuxième commandement, tous les Dragons feront *demi-tour à gauche*, contenant le sabre de la main gauche: ils prendront ensuite le mousqueton de la main droite à la poignée qu'ils passeront par-dessus l'épaule droite la crosse en bas, & saisiront les rênes à six pouces environ des branches.

Les nombres pairs reculeront leurs chevaux de la longueur d'un cheval: ils passeront tous les rênes sur le cou, rabattront l'étrier gauche, prendront une poignée de crins de la main gauche, jetant ensuite le bout des rênes en avant, & mettront le pied gauche à l'étrier.

Au troisième commandement, ils monteront tous à cheval, ainsi qu'il est prescrit dans l'instruction d'équitation, & ils reprendront le mousqueton de la main droite à la poignée, pour le porter tout de suite la crosse sur la cuisse droite.

Au quatrième commandement, les Dragons qui se trouveront au second rang, rentreront dans les intervalles du premier: ceux du troisième rang, sans attendre que ceux du quatrième les aient rejoints, se serreront aussitôt sur le premier, & ceux du quatrième rang rentreront dans leurs intervalles pour reformer le second rang.

Toutes les fois qu'on exercera une légion ou même un escadron, & qu'étant pied à terre, on voudra faire monter à cheval, les Tambours qui y monteront d'avance, en donneront le signal, après que le Commandant aura fait l'avertissement, *prenez garde à vous pour monter à cheval*, les Tambours battront *à cheval*: alors les Dragons monteront lestement à cheval, & rentreront aussitôt dans leur rang.

CHAPITRE 2.

OUVRIR et SERRER LES RANGS.

LORSQUE les escadrons d'une légion seront en bataille, & qu'on voudra leur faire ouvrir les rangs, on commandera :

1.

Attention.

2.

Ouvrez les rangs en avant.

3.

Marche.

Le premier rang se portera seul en avant, & s'arrêtera après avoir fait quatre pas.

Pour faire ouvrir les rangs en arrière, on commandera :

1.

Attention.

2.

Ouvrez les rangs en arrière.

3.

Marche.

Le premier rang ne bougera, le second rang reculera & s'arrêtera après avoir fait quatre pas.

Pour serrer les rangs, on commandera :

1.

Attention.

2.

Serrez les rangs en avant.

3.

Marche.

Le premier rang ne bougera, le second rang se serrera sur le premier, en se portant quatre pas en avant.

M m

CHAPITRE 3.

RECULER.

LORSQU'ON voudra reculer une troupe qui sera à cheval, on commandera:

1.

Attention.

2.

En arrière.

3.

Marche.

Toute la troupe reculera, mais très-doucement, pour conserver son ensemble, & ne s'arrêtera qu'au mot *halte.*

CHAPITRE 4.

DU DEMI-TOUR À DROITE PAR FILE.

LES Dragons de chaque compagnie s'étant comptés par quatre, ainsi qu'il a été prescrit ci-devant à l'assemblée des compagnies, il sera établi qu'on ne les fera jamais se re-compter une seconde fois, pendant tout le temps qu'ils resteront à cheval, quand bien même ils s'en seroient ab-sentés depuis; en conséquence, ceux qui se seront comptés pairs ou impairs, exécuteront toujours ce qui est prescrit pour ces nombres, en supposant encore qu'il s'en trou-veroit plusieurs du même nombre à côté l'un de l'autre.

1.

Attention pour doubler vos files.

2.

Dragons, demi-tour à droite.

3.

Marche.

Au deuxième commandement, les Dragons impairs du premier rang de chaque compagnie se porteront en avant de la longueur d'un cheval, & tous les Dragons pairs du second rang reculeront de la longueur d'un cheval : le Lieutenant de la droite de chaque escadron ne changera point de place, mais le Sous-lieutenant reculera ; ce sera le contraire pour les Officiers de la gauche de chaque escadron.

Aussitôt que les files seront doublées, on fera le troisième commandement *marche*, auquel chaque Dragon sera *demi-tour à droite*, sans trop précipiter ce mouvement, & faisant *face* alors en arrière : ceux qui se trouveront au second rang, rentreront dans les intervalles du premier, ceux du troisième rang (sans attendre que ceux du quatrième rang les aient rejoints) se serreront aussitôt sur le premier, & ceux du quatrième rang rentreront dans leurs intervalles pour reformer le second rang.

La même règle s'observera pour revenir sur ses pas : les Dragons qui auront doublé leur file en avant, les doubleront en arrière, puisqu'ils se trouveront alors au second rang, & ceux qui les auront doublés en arrière, les doubleront en avant.

Lorsqu'on voudra faire faire le *demi-tour à droite* par file, à une troupe qui sera en mouvement, on lui fera faire *halte* avant de le lui faire exécuter ; dès qu'il sera exécuté, si la troupe doit ensuite marcher, on en fera le commandement.

CHAPITRE 5.

Des doublemens de Divisions.

DOUBLER LES DIVISIONS
SUR LE MÊME ALIGNEMENT.

LORSQU'ON voudra augmenter la profondeur des escadrons, en diminuant leur front, on fera les commandemens suivans :

1.

Attention pour doubler les divisions.

2.

Marche.

La seconde & la quatrième division de chaque escadron, reculeront jusqu'à ce que la tête des chevaux du premier rang ait dépassé la croupe des chevaux du second rang des divisions qui n'auront pas bougé.

3.

Appuyez sur le centre.

4.

Marche.

La première division de chaque escadron appuiera à gauche, pour se joindre à la troisième qui ne bougera, & la quatrième appuiera à droite, pour se joindre à la seconde. Le Lieutenant de la gauche reprendra sa place au premier rang, & les Sous-lieutenans se placeront sur l'alignement du troisième rang.

DÉDOUBLER LES DIVISIONS
SUR LE MÊME ALIGNEMENT.

Pour dédoubler les divisions, on commandera :

1.

Attention pour dédoubler les divisions.

2.

Marche.

La première division de chaque escadron appuiera à droite de tout son front, pour démasquer la seconde, & la quatrième division appuiera de même à gauche. Le Sous-lieutenant de la droite & le Lieutenant de la gauche de chaque escadron appuieront de même, l'un à droite & l'autre à gauche, pour être à portée de reprendre leur place.

3.

Alignez.

La seconde & la quatrième division se porteront en avant sur l'alignement des premières, & les Officiers reprendront leur place.

DOUBLER LES DIVISIONS EN AVANT.

Lorsqu'on ne sera point obligé de garder son même alignement, on préférera de doubler les divisions en marchant en avant; pour cet effet, on commandera :

1. Attention

I.

Attention pour doubler les divisions en avant.

2.

Marche.

La première & la troisième division de chaque escadron, se porteront en avant, ou si la troupe marche, les divisions paires ralentiront leur pas jusqu'à ce qu'elles soient dépassées par les premières; les deux divisions du centre continueront de marcher directement en avant, tandis que les deux autres les joindront par le pas oblique.

DÉDOUBLER LES DIVISIONS EN AVANT.

Pour dédoubler les divisions, on commandera:

I.

Attention pour dédoubler les divisions en avant.

2.

Marche.

Les deux divisions du centre de chaque escadron, marcheront directement en avant, & la première ainsi que la quatrième division marcheront le pas oblique vers les ailes; dès qu'elles seront toutes démasquées, celles qui se trouveront en arrière, se porteront en avant, sur l'alignement des deux autres, au commandement qui en sera fait.

CHAPITRE 6.
BORDER LA HAIE.

POUR border la haie par compagnie, sans rien déranger à la formation des divisions, on fera mettre les escadrons en colonne par compagnie, après quoi on commandera:

I.

Attention.

2.

Sur un rang, formez les divisions.

3.

Marche.

Le second rang de la première division & le premier rang de la seconde, ne bougeront; le premier rang de la première division appuiera à droite, & le second rang de la seconde division appuiera à gauche; le second rang de chaque division se portera ensuite en avant sur l'alignement du premier.

REMETTRE LES DIVISIONS SUR DEUX RANGS.

Lorsqu'ensuite on voudra remettre les divisions sur deux rangs, on commandera:

1.

Attention.

2.

Sur deux rangs, formez les divisions.

3.

Marche.

Le second rang de chacune des première & seconde divisions, reculera; le premier rang de la première division appuiera ensuite à gauche, & le second rang de la seconde division appuiera à droite.

On fera ensuite les commandemens nécessaires pour remettre les escadrons en bataille, comme ils étoient avant cette manœuvre.

CHAPITRE 7.

METTRE PIED À TERRE.

POUR faire mettre pied à terre, on commandera:

1.

Attention.

2.

Préparez-vous pour mettre pied à terre.

3.

Pied à terre.

4.

Reprenez vos rangs.

Au deuxième commandement, on passera le mousqueton par-dessus l'épaule droite; les Dragons doubleront ensuite leur file en avant & en arrière, ainsi qu'il est prescrit au deuxième commandement du *demi-tour à droite par file;* après quoi ils prendront une poignée de crins, & dégageront le pied droit de l'étrier.

Au troisième commandement, tous les Dragons mettront pied à terre, se réglant sur la droite; ils rabattront ensuite les rênes, & les raccourciront, pour les tenir à pleine main dans la main gauche, le pouce fermé dessus, à environ un pied du bouton, la main appuyée sur le creux de l'estomac, la rêne du hors-montoir passant sur le bras, & celle du montoir dessous, faisant face à leurs chevaux, qu'ils tiendront de la main droite, par les rênes, à six pouces au-dessous des branches du mors.

Au quatrième commandement, ils quitteront les rênes de la main droite, pour prendre le mousqueton & le replacer à côté de la cuisse; après quoi ils feront tous *demi-tour à droite,* tournant le dos à leurs chevaux: les Dragons du premier rang qui n'auront pas quitté leur alignement, & qui se trouveront au second rang, s'avanceront pour entrer dans les intervalles du premier rang, & ceux du quatrième rang entreront dans les intervalles du second; observant d'avoir les talons joints autant que les éperons pourront le permettre.

TITRE 21.

Des Manœuvres.

CHAPITRE 1.er

UN RÉGIMENT ÉTANT FORMÉ EN BATAILLE
SUR SON QUARTIER D'ASSEMBLÉE,
LE ROMPRE PAR 'QUATRE OU PAR DEUX,
POUR LE METTRE EN MARCHE
ET SE RENDRE SUR LE TERREIN OÙ IL DEVRA S'EXERCER.

ON commandera au premier escadron :

1.

Attention.

2.

Par deux ou *quatre.*

3.

Marche.

Si l'on a commandé de marcher par deux, les deux Dragons de l'aile droite du premier rang de la première division, marcheront en avant ou vers la droite, suivant le côté où l'on devra se porter ; les autres Dragons du premier rang de cette division, se rompront successivement par deux, pour se porter sur la direction des premiers, & prendre rang dans la colonne, à mesure qu'ils y arriveront : le second rang de la même division se rompra dans le même ordre que le premier, partant du terrein qu'il occupera, ce qui sera répété par toutes les divisions de cet escadron & des suivans.

Si l'on a commandé de marcher par quatre, la même manœuvre se fera de quatre en quatre.

Dans l'un & l'autre cas, s'il restoit des Dragons impairs du premier rang des divisions, ils seroient complétés par les Dragons de la droite du second rang de la même division.

Lorsque le front des divisions sera composé de six, de

neuf

neuf ou de quinze hommes, on pourra marcher par trois, au lieu de quatre, se conformant d'ailleurs aux troupes qui auroient la tête de la colonne.

CHAPITRE 2.

SE FORMER EN BATAILLE

EN ARRIVANT SUR LE TERREIN DE L'EXERCICE.

UN régiment marchant en colonne par deux ou par quatre, le former tout de suite en bataille, soit en avant, soit sur la droite ou sur la gauche, on commandera à la tête de la colonne :

1.

Attention.

2.

En avant,
ou
sur la droite, } *en bataille.*
ou
à gauche,

3.

Marche.

Si c'est en avant, les Dragons qui auront la tête de la colonne, après s'être portés quatre pas en avant, feront *halte ;* les Dragons qui devront composer le premier rang de la première division, se porteront diagonalement à gauche, pour se former successivement à la gauche des premiers ; le second rang se formera ensuite, & toutes les divisions de cet escadron & des suivans, se formeront successivement & dans le même ordre, à la gauche les uns des autres, observant les intervalles prescrits entre les escadrons.

Les Commandans de divisions observeront de prendre leur direction en diagonale, de façon à arriver juste à leur place de bataille.

Si on doit se former sur la droite, les Dragons qui auront la tête de la colonne, feront *à droite,* se porteront douze pas en avant, & feront *halte ;* ceux qui les suivront, continueront de marcher, & iront se former successivement par un *à droite,* à la gauche des premiers ; le second rang se formera ensuite, & toutes les divisions de cet escadron &

des fuivans, fe formeront fucceffivement & dans le même
ordre, à la gauche les unes des autres.

Si au contraire il a été ordonné de fe former à gauche,
les Dragons de la tête de la colonne, qui devront compofer
le premier rang, feront *à gauche*, ferreront auffitôt leur file
fur la droite, en fe portant cinq ou fix pas en avant, &
feront *halte;* les Dragons qui devront compofer le fecond
rang de cette divifion, continueront de marcher en avant,
pour fe former par le même mouvement, fur la direction de
leur chef-de-file, & toutes les divifions de cet efcadron fe
formeront fucceffivement à la gauche les unes des autres:
les Commandans des fecond, troifième & quatrième
efcadrons, ralentiront leur pas, lorfque celui qui les précèdera, commencera à fe former, afin de laiffer l'intervalle
néceffaire.

Le régiment étant formé en bataille fur le terrein où
il devra être exercé, exécutera les manœuvres que le
Commandant jugera à propos, en fe conformant à ce
qui fuit.

CHAPITRE 3.

DES À DROITE, DES À GAUCHE
ET DES DEMI-TOURS À DROITE PAR QUATRE.

ON commandera:

1.

Attention.

2.

à droite }
ou   } *par quatre.*
à gauche }

3.

Marche.

Chaque rang fe rompra *à droite* ou *à gauche par quatre;*
le Dragon de la droite ou de la gauche de chacune de ces
petites divifions, foutiendra carrément, & celui de l'aile
oppofée marchera jufqu'à ce qu'il ait achevé le *quart de
converfion.*

Les efcadrons fe trouveront alors en colonne fur huit

de front; les Officiers des ailes se placeront à la tête ou marcheront en serre-file derrière leur escadron, ainsi qu'ils se trouveront après le mouvement; les Capitaines & Fourriers de serre-file, resteront sur les flancs, ainsi qu'il a déjà été prescrit.

On se remettra en bataille par le mouvement contraire.

1.

Attention.

2.

Demi-tour à droite par quatre.

3.

Marche.

Chaque rang fera *demi-tour à droite par quatre*, pour faire *face* en arrière, & les Officiers des ailes de chaque escadron, se replaceront à la droite ou à la gauche de leur même rang.

CHAPITRE 4.
DES CONVERSIONS.
ARTICLE 1.er
DU DEMI-QUART DE CONVERSION.

ON commandera:

1.

Attention.

2.

Escadron,
Compagnie, } *demi à droite* ou *demi à gauche.*
Division,

3.

Marche.

Si c'est *à droite*, la droite de chaque division soutiendra, & la gauche marchera jusqu'à ce qu'elle ait fait un *demi-quart de conversion.*

On se remettra en bataille par le mouvement contraire, alors la gauche soutiendra & la droite marchera.

ARTICLE 2.

DU QUART DE CONVERSION.

ON commandera:

1.

Attention.

2.

Escadron,
Compagnie, } *à droite* ou *à gauche.*
Division,

3.

Marche.

La droite ou la gauche de chaque division foutiendra, & l'aile opppofée marchera jufqu'à ce qu'elle ait fait fon *quart de converfion.*

ARTICLE 3.

DU QUART DE CONVERSION et DEMI.

On commandera:

1.

Attention.

2.

Escadron,
Compagnie, } *à droite & demi* ou *à gauche & demi.*
Division,

3.

Marche.

La droite ou la gauche de chaque division foutiendra, & l'aile oppofée marchera jufqu'à ce qu'elle ait fait un *quart de converfion & demi.*

ARTICLE 4.

DE LA DEMI-CONVERSION.

1.

Attention.

149

2.

Escadron,
Compagnie,
Division, }   demi-tour à droite ou demi-tour à gauche.

3.

Marche.

La droite ou la gauche de chaque division foutiendra, & l'aile oppofée marchera jufqu'à ce qu'elle ait fini fa demi-converfion, & qu'elle fe trouvera alignée avec les autres divifions.

On fe remettra en bataille fur le même terrein, fi on le juge à propos, en exécutant une feconde fois le même mouvement.

ARTICLE 5.

DE LA CONVERSION CENTRALE.

On commandera :

1.

Attention.

2.

Compagnie,
Division, }   fur le centre à droite ou fur le centre à gauche.

3.

Marche.

Les deux Dragons du centre du premier rang de chaque divifion, par laquelle il aura été ordonné de tourner, ferviront de pivot.

Si le mouvement fe fait à droite, le demi-rang de la droite fera fon *quart de converfion* en reculant très-doucement, & le demi-rang de la gauche fera le fien en avançant, fe réglant fur le demi-rang qui reculera.

Ce fera le contraire, lorfque la converfion fe fera à gauche.

Les mouvemens fur le centre ne s'exécuteront que lorfqu'on y fera forcé par la nature du terrein.

P p

CHAPITRE 5.

ROMPRE UN RÉGIMENT, ou LE FORMER EN COLONNE, DE DIFFÉRENTES MANIÈRES.

ARTICLE 1.er

ROMPRE EN AVANT.

ON commandera :

1.

Attention.

2.

Par brigade, rompez en avant.

3.

Marche.

La première brigade se portera en avant, tandis que la seconde fera un *demi à droite* par escadron, pour se porter ensuite en avant; & dès qu'elle sera arrivée à la hauteur de la première, elle fera un *demi à gauche* par escadron, pour se former en seconde ligne & suivre la première.

Lorsque les circonstances n'exigeront pas de se rompre par brigade, on préférera de se rompre simplement par escadron, compagnie ou division; pour cet effet, on commandera :

1.

Attention.

2.

Escadron,
Compagnie,
Division, } *rompez en avant, ou formez la colonne.*

3.

Marche.

Si le commandement a été pour se rompre par escadron, le premier escadron se portera en avant, tandis que les autres feront chacun un *demi à droite*, pour se porter en avant vers la droite, & marcher ensuite sur la direction du premier escadron, en faisant successivement un *demi à gauche*, à mesure qu'ils prendront leur rang dans la colonne.

S'il a été ordonné de former la colonne, le premier escadron, compagnie ou division se portera de même en avant,
tandis que les autres feront chacun un *quart de conversion
à droite*, & à mesure qu'ils arriveront à hauteur du premier
escadron, ils feront successivement *à gauche* pour marcher
sur sa direction.

On observera la même règle pour se rompre ou pour
former la colonne par compagnie ou par division.

Si au lieu de marcher directement en avant de la droite,
on vouloit marcher en avant du centre, la première troupe
se dirigeroit en partant sur le terrein qui lui seroit indiqué,
& seroit suivie successivement par toutes les autres.

ARTICLE 2.

ROMPRE EN ARRIÈRE.

QUAND on voudra rompre en arrière, on commandera :

I.

Attention.

2.

Escadron,
Compagnie,
Division,
} *Rompez en arrière,*
ou
Formez la colonne en arrière.

3.

Marche.

Si le commandement a été pour se rompre par escadron,
le premier escadron fera *demi-tour à droite* pour faire *face
en arrière*, & marchera ensuite directement devant lui, les
autres escadrons feront en même temps chacun un *à droite
& demi* par escadron, pour se porter sur la direction du
premier escadron, & prendre successivement leur rang dans
la colonne, en faisant un *demi à droite* à mesure qu'ils
y arriveront.

S'il a été ordonné de former la colonne, le premier
escadron exécutera la même manœuvre, mais les autres
escadrons feront un *quart de conversion à droite*, pour ensuite

se porter fur le terrein qu'occupoit le premier, où en arrivant, ils feront fucceffivement un fecond *à droite* pour marcher fur fa direction.

Si le mouvement doit s'exécuter par compagnie ou divifion, chaque compagnie ou divifion obfervera la même règle.

On pourra fe rompre ou former plufieurs colonnes fi les circonftances l'exigent, en fe conformant aux mêmes principes.

ARTICLE 3.

AUTRE MANIÈRE DE FORMER UN RÉGIMENT
EN COLONNE.

LORSQU'ON voudra former un régiment en colonne de pied-ferme, pour le raffembler en ordre ferré ou en maffe, on fera les commandemens fuivans:

1.

Attention.

2.

Efcadrons \
ou } *en avant par échelon, pour former* \
Compagnies, *la colonne.*

3.

Marche.

Si l'on doit former la colonne vers la droite par compagnie, la première compagnie du premier efcadron fe mettra en mouvement, & marchera directement en avant; dès que cette compagnie aura fait à peu près douze pas, la feconde compagnie dudit efcadron fe portera en avant au commandement de l'Officier: & lorfqu'elle aura parcouru à peu près neuf pas, la première compagnie du deuxième efcadron fe mettra en mouvement pour fe porter auffi en avant, & ainfi fucceffivement des autres de la droite à la gauche.

Dès que la première compagnie du quatrième efcadron fe fera portée en avant à fon tour, & qu'elle aura fait de même neuf pas, le Commandant du régiment commandera:

4. *Halte.*

4.

Halte.

Si l'on devoit former la colonne vers la gauche, on en feroit mention dans le commandement; alors la seconde compagnie du premier escadron se mettroit en mouvement dès que la première auroit parcouru neuf pas, & l'on feroit le commandement *halte* dès que la première compagnie du quatrième escadron en auroit parcouru six.

5.

à droite ou *à gauche,* } *par quatre, formez la colonne.*

6.

Marche.

Si on a commandé *à droite*, la première compagnie du premier escadron ne bougera, la deuxième compagnie du quatrième escadron fera *à droite par quatre*, & se portera en avant, dès qu'elle arrivera derrière & à hauteur de la file droite de la première compagnie dudit escadron : celle-ci fera *à droite par quatre*, au commandement de l'Officier, pour marcher ensuite en avant avec la seconde compagnie, ce qui sera exécuté successivement par toutes les autres compagnies, à mesure que celles qui seront à leur gauche, en se reployant, arriveront derrière & à hauteur de leur file droite, pour se porter & arriver toutes ensemble derrière & à hauteur de la première compagnie du premier escadron, où elles feront *halte, face en tête* par un *à gauche par quatre*, & s'aligneront au commandement qui en sera fait.

Si on a commandé *à gauche,* ce sera la seconde compagnie du quatrième escadron qui ne bougera, & toutes les autres feront successivement *à gauche par quatre*, pour se reployer en colonne en avant les unes des autres, & arriver ensemble sur la direction de la seconde compagnie du quatrième escadron qui n'aura point bougé, en se conformant aux mêmes principes que ci-dessus.

Les Officiers & les serre-file marcheront à la tête & à la queue de leurs petites colonnes, & se placeront sur le flanc de leur troupe, ainsi qu'il est prescrit pour la marche en ordre serré.

Q q

Si la ligne étoit composée de plus de quatre escadrons, on pourroit, pour accélérer le mouvement, se mettre en colonne sur la direction du centre; pour cet effet, on feroit faire *demi-tour à droite par quatre* aux escadrons de l'aile gauche, pour prendre leur distance en arrière par compagnie ou escadron, tandis que les escadrons de l'aile droite les prendroient en avant; après quoi on feroit faire *à gauche par quatre*, pour ensuite se porter en avant, & former la colonne: savoir, l'aile droite par un *à droite*, & l'aile gauche par un *à gauche par quatre*.

Si au lieu de prendre des distances pour se former en colonne, comme il vient d'être prescrit, on veut se reployer tout de suite par escadrons, sans aucune préparation, on fera l'avertissement que *tel escadron ne bouge*.

On commandera ensuite:

I.

$$\text{Escadron,} \left\{ \begin{array}{c} \textit{à droite (ou à gauche)} \\ \text{ou} \\ \textit{à droite & à gauche} \end{array} \right\} \textit{par quatre, formez la colonne.}$$

2.

Marche.

Si c'est *à droite*, le premier escadron qui aura été averti, ne bougera; tous les autres escadrons feront *à droite par quatre*, & se porteront diagonalement & par le chemin le plus court, derrière & sur la direction de l'escadron qui n'aura pas bougé, où en arrivant ils feront successivement *halte, face en tête*, par un *à gauche par quatre*, & s'aligneront au commandement de l'Officier.

Si on a commandé *à gauche*, les escadrons de la droite se porteront en avant de l'escadron de la gauche, ou si l'on a commandé *à droite & à gauche*, ceux de la droite se porteront en avant, & ceux de la gauche en arrière de l'escadron du centre qui n'aura pas bougé.

Quand on voudra exécuter cette manœuvre par file, au lieu de l'exécuter par quatre, on commandera:

I.

$$\text{Escadron,} \left\{ \begin{array}{c} \textit{à droite} \\ \text{ou} \\ \textit{à gauche,} \end{array} \right\} \textit{par tête à botte, formez la colonne.}$$

2.

Marche.

Si c'est *à droite*, le premier escadron ne bougera; la file droite de l'un & l'autre rang de chacun des autres escadrons, fera un peu plus qu'un *demi à droite*, & se portera en avant, se dirigeant par le chemin le plus court, sur le terrein qu'elle devra occuper en colonne; les autres files se mettront successivement en mouvement, portant la tête de leurs chevaux à côté de la botte du Dragon de leur droite, à mesure qu'il se dégagera du rang pour marcher tous en-chaînés les uns aux autres; dès que la première file de chaque rang sera arrivée sur son terrein, elle fera *face en tête* & s'arrêtera, ce qui sera exécuté successivement par toutes les autres files, à mesure qu'elles arriveront, s'alignant ensuite au commandement de l'Officier.

On exécutera la même manœuvre par les mouvemens contraires, lorsqu'on se reploiera sur la gauche.

ARTICLE 4.

ROMPRE PAR QUART DE CONVERSION.

ON fera les commandemens indiqués ci-devant pour le quart de conversion.

ARTICLE 5.

SE ROMPRE SUCCESSIVEMENT.

LORSQU'ON voudra rompre par la droite pour marcher vers la gauche, on commandera:

1.

Attention.

2.

Escadron, Compagnie, Division, { de droite ou de gauche, } *rompez en avant pour marcher vers la gauche ou la droite.*

3.

Marche.

La division de la droite ou de la gauche, par laquelle

on devra fe rompre, marchera en avant environ dix pas, & fera enfuite un *quart de converfion à gauche* ou *à droite*, pour paffer devant le front du régiment ; lorfque cette première divifion arrivera à peu près à la hauteur de la cinquième file de la gauche ou de la droite de la feconde divifion, celle-ci fe mettra en mouvement au commandement de l'Officier, pour marcher en avant jufqu'à la même hauteur que la première, & faire comme elle un *quart de converfion*, pour prendre rang dans la colonne, & ainfi des autres ; la première divifion de chacun des trois derniers efcadrons obfervant, outre fa diftance, l'intervalle d'un efcadron à l'autre.

CHAPITRE 6.

DIMINUER ou AUGMENTER LE FRONT
DE LA COLONNE.

ARTICLE I.er

DÉDOUBLER LE FRONT.

LE régiment étant en colonne par efcadrons , on commandera :

1.

Attention.

2.

Dédoublez le front de la colonne.

3.

Marche.

La première compagnie de chaque efcadron continuera de marcher en avant, & dès que fon fecond rang aura dépaffé le premier rang de la feconde compagnie, celle-ci appuiera à droite en marchant, pour fe porter par le *pas oblique* fur la direction de la première : ce fera le contraire lorfque les efcadrons marcheront en colonne renverfée.

Le régiment étant en colonne par compagnie, dédoublera par divifion, de la même manière.

Le régiment étant en colonne par divifion, on commandera à la première divifion de la colonne :

1.

Attention.

2. *Par quatre.*

2.

Par quatre.

3.

Marche.

Les quatre Dragons de la droite du premier rang marcheront en avant; les autres Dragons du premier rang de cette division se rompront successivement en avant, par quatre, pour se porter obliquement sur la direction des premiers, & prendre rang dans la colonne, à mesure qu'ils y arriveront; le second rang de la même division se rompra sur le terrein qu'il occupera, dans le même ordre que le premier, & toutes les divisions suivantes exécuteront la même manœuvre, à mesure qu'elles arriveront sur le terrein où la première se sera rompue.

Le régiment étant en colonne par quatre, on commandera au premier rang de la première division de la colonne :

1.

Attention.

2.

Par deux.

3.

Marche.

Les deux Dragons de la droite du premier rang se porteront en avant, & seront suivis des deux de la gauche; le second rang, & successivement tous ceux qui composeront la colonne, se rompront dans le même ordre, partant du terrein qu'ils occuperont.

Lorsqu'ensuite on voudra défiler, on commandera à la tête de la colonne :

1.

Attention.

2.

Défilez.

3.

Marche.

Le Dragon de la droite du premier rang se portera en

avant, & sera suivi de celui de la gauche : les autres rangs se rompront successivement dans le même ordre, partant du terrein qu'ils occuperont.

ARTICLE 2.

DOUBLER LE FRONT.

LORSQU'APRÈS avoir défilé, on voudra marcher par deux, par quatre, & former ensuite les divisions ; pendant tout le temps que les rangs doubleront, le premier rang de la colonne, après s'être porté quatre pas en avant, fera *halte*, afin de donner le temps aux derniers Dragons ou aux dernières troupes de la colonne d'arriver à leur distance.

1.

Attention.

2.

Par deux.

3.

Marche.

Le second Dragon de la première division doublera à la gauche du premier, le quatrième doublera à la gauche du troisième, ainsi de tous les nombres pairs ; dès que la première division aura doublé, la seconde doublera de même, & ainsi des autres qui continueront de marcher.

Le doublement étant fait, & tous les rangs de la colonne étant arrivés à leur distance, on commandera à la tête de la colonne (qui aura fait *halte*) de marcher.

1.

Attention.

2.

Par quatre.

3.

Marche.

Les deux Dragons du second rang de la première division, doubleront à la gauche du premier rang ; les deux Dragons du quatrième rang doubleront à la gauche du troisième rang, ainsi de suite.

Dès que la première division aura doublé, la seconde division, & successivement toutes celles de la colonne, doubleront ainsi qu'il vient d'être prescrit ci-dessus.

I.

Attention.

2.

En avant, formez les divisions.

3.

Marche.

Les Dragons qui auront la tête de la colonne, marcheront encore quatre pas, & feront *halte :* tous les Dragons qui devront composer le premier rang de cette division se porteront obliquement à gauche, pour se former successivement à la gauche les uns des autres : le second rang se formera dans le même ordre en se serrant sur le premier.

Dès que cette première division sera formée, & que la tête de la division suivante sera arrivée à sa distance, elle se formera dans le même ordre, & ainsi successivement de toutes les autres divisions de la colonne, à mesure qu'elles arriveront à leur distance.

I.

Attention.

2.

En avant, formez les compagnies.

3.

Marche.

La première division de chaque compagnie ralentira un peu son pas, & la seconde division appuiera à gauche en marchant, pour se former par le *pas oblique* à la gauche de la première division.

I.

Attention.

2.

En avant, formez les escadrons.

3.

Marche.

Les deux compagnies de chaque escadron exécuteront la même manœuvre que ci-dessus.

CHAPITRE 7.

CHANGEMENS DE DIRECTION EN COLONNE.

ARTICLE I.er

DIRIGER LA TÊTE D'UNE COLONNE
VERS LA DROITE OU VERS LA GAUCHE.

ON commandera :

1.

Attention.

2.

Tête de la colonne { *à droite* ou *à gauche,*
       ou
demi à droite ou *demi à gauche.*

3.

Marche.

Le premier escadron ou la première division de la colonne, fera un *quart* ou un *demi-quart de conversion à droite* ou *à gauche*, & sera suivi par tous les autres escadrons, qui feront successivement leur *quart* ou *demi-quart de conversion*, en se conformant à ce qui a été prescrit ci-devant au *Titre 20, Chap. 6. De la marche de conversion.*

ARTICLE 2.

MARCHER PAR LE FLANC DE LA COLONNE.

Lorsqu'on voudra porter une colonne tout ensemble vers le flanc droit ou vers le flanc gauche, on commandera :

1.

Attention.

à droite,

2.

à droite, \
ou } *Par quatre.* \
à gauche,

3.

Marche.

Toutes les divisions de la colonne, feront *à droite* ou *à gauche par quatre*, & marcheront en avant par le flanc.

Lorsqu'on voudra former la colonne, on commandera:

1.

Attention.

2.

à gauche, \
ou } *par quatre.* \
à droite,

3.

Marche.

Toutes les divisions ayant fait *front*, continueront de marcher en colonne.

ARTICLE 3.

MARCHER EN COLONNE INDIRECTE ou BRISÉE.

LORSQU'ON voudra porter la colonne toute ensemble diagonalement vers la droite ou vers la gauche, on commandera :

1.

Attention.

2.

Efcadron, \
Compagnie, } *demi à droite* ou *demi à gauche.* \
Divifion,

3.

Marche.

Si l'on eft en colonne par efcadron, chaque efcadron fera un *demi à droite*, ou un *demi à gauche*, & fe portera enfuite directement devant lui, marchant tous à même hauteur.

S f

Le Commandant de chaque escadron observera en marchant, que la file intérieure de son escadron se maintienne plus ou moins vis-à-vis la file extérieure de l'escadron qui le précèdera, & ainsi que cela se trouvera déterminé après le *demi-quart de conversion*, relativement au front des escadrons.

Lorsque la colonne sera arrivée dans cet ordre, sur le terrein où on aura voulu la porter, on commandera :

1.

Attention.

2.

Formez la colonne.

3.

Marche.

Chaque escadron fera alors un *demi-quart de conversion*, pour former la colonne, qui continuera de marcher directement en avant.

Si les circonstances exigent de doubler par deux escadrons de front pour former les brigades, le premier & le troisième escadron ralentiront leur pas, les second & quatrième escadrons feront chacun un *demi à gauche*, pour marcher en avant, & se former par un *demi à droite*, l'un à la gauche du premier escadron, & l'autre à la gauche du troisième, observant leur intervalle.

Lorsqu'ensuite on voudra former le régiment en bataille en avant, la première brigade fera *halte*, la seconde brigade fera un *demi à gauche* par escadron, pour aller se former à la gauche de la première & sur le même alignement.

CHAPITRE 8.

DES DIFFÉRENTES MANIÈRES
DE FORMER UN RÉGIMENT EN BATAILLE.

LE régiment étant en colonne par escadron à distances ouvertes, on le formera en tel sens que ce soit, en se conformant à ce qui suit.

ARTICLE I.ᵉʳ

SE FORMER EN BATAILLE EN AVANT.

ON commandera :

1.

Attention.

2.

En bataille en avant.

3.

Marche.

Le premier escadron se portera huit pas en avant & fera *halte* ; le second, le troisième & le quatrième escadron feront chacun un *demi à gauche*, plus ou moins, pour se porter diagonalement vers la gauche (le second escadron marchant au grand pas, le troisième au trot & le quatrième au galop) & se former successivement en bataille par un *demi à droite*, à la gauche les uns des autres, en observant l'intervalle prescrit.

Le régiment étant en colonne par compagnie, division, &c. pourra être formé tout de suite en bataille, si on le juge à propos, sans qu'il soit toujours nécessaire de former auparavant les divisions, compagnies & escadrons.

Si au lieu d'arriver sur la droite du terrein où l'on auroit à se mettre en bataille en avant, on y arrive par la gauche, on dirigera d'avance, s'il n'y a point d'obstacle, la tête de la colonne sur le point où l'on voudra placer la droite, & lorsqu'elle y sera arrivée, on se mettra en bataille sur son alignement : mais lorsqu'une colonne quelconque arrivera sur l'alignement & par le centre du terrein où elle aura à se mettre en bataille en avant, on dirigera la tête de la colonne à droite, par telle manœuvre qu'on jugera à propos, pour faire longer les premières divisions jusque sur le terrein où on voudra les porter, & lorsqu'elles y seront arrivées, elles se mettront en bataille par un *à gauche*, tandis que les divisions qui n'auront point encore changé leur direction, se formeront en avant sur l'alignement des premières, ainsi qu'il est dit ci-dessus.

Quand on marchera en colonne renversée, on suivra les mêmes principes par des mouvemens contraires.

ARTICLE 2.

AUTRE MANIÈRE DE SE FORMER EN AVANT.

LORSQU'UN régiment marchera en colonne par compagnie en ordre ferré, & qu'on voudra le mettre en bataille en avant, après le commandement *à gauche par quatre, en bataille en avant*, la première compagnie fe portera huit pas en avant & fera *halte;* toutes les autres compagnies feront en même temps *à gauche par quatre*, & fe porteront en avant, ferrant leurs colonnes près l'une de l'autre, pour longer plus directement fur le terrein où elles devront fe former; & à mefure qu'elles y arriveront, elles fe remettront *face en tête* par un *à droite par quatre*, pour enfuite s'aligner fur leur droite, au commandement *alignez*.

On pourra auffi fe mettre en bataille en avant par la manœuvre de *tête à botte;* mais il faut la faire exécuter fort doucement dans les commencemens.

Au commandement *tête à botte, en bataille en avant*, la première compagnie fe portera de même huit pas en avant & fera *halte;* le Dragon de la gauche de chaque rang de toutes les autres compagnies, fera un *demi à gauche* & fe portera en avant, fe dirigeant fur le terrein qu'il devra occuper en bataille; il fera fuivi par le fecond Dragon du même rang, qui portera la tête de fon cheval au flanc du premier à côté de la botte du Dragon; le troifième fuivra de même le fecond, & fucceffivement tous ceux du même rang, qui s'enchaîneront les uns aux autres.

Lorfque le premier Dragon de chaque rang, arrivera fur le terrein qu'il devra occuper en bataille, il fera *face en tête & halte*, & tous ceux du même rang en feront fucceffivement de même, en fe ferrant les uns fur les autres, à mefure qu'ils arriveront.

Si l'on marchôit en colonne renverfée, on exécuteroit les mouvemens contraires, pour fe déployer de gauche à droite.

ARTICLE 3.

A R T I C L E 3.

SE FORMER EN BATAILLE SUR LA DROITE.

QUAND on voudra former le régiment en bataille sur la droite, sans rien changer à son ordre naturel, on commandera:

1.

Attention.

2.

En bataille sur la droite.

3.

Marche.

Si le régiment est en colonne par escadrons, le premier escadron fera un *quart de conversion à droite*, marchera douze pas en avant & fera *halte*; le second escadron marchant toujours directement devant lui, fera de même un *quart de conversion à droite*, dès que son premier rang aura dépassé la file de la gauche du premier escadron, de la moitié du front d'un escadron, & il se portera ensuite sur l'alignement du premier escadron, où il fera *halte*; les autres escadrons exécuteront successivement la même manœuvre, se réglant sur celui qui les précèdera.

Si le régiment est en colonne par compagnie, division, &c. toutes les divisions se formeront successivement de même, en observant l'intervalle entre les escadrons.

Lorsqu'on marchera en colonne renversée, on se formera sur la gauche, en suivant les mêmes règles que ci-dessus, pour se former sur la droite.

A R T I C L E 4.

SE FORMER EN BATAILLE PAR QUART DE CONVERSION.

SI au lieu de former le régiment successivement en bataille sur la droite, on veut le former par un *à droite* ou par un *à gauche par troupe*, on commandera:

1.

Attention.

Tt

2.

Escadrons à droite en bataille.

ou

Escadron,
Compagnie, } *à gauche en bataille.*
Division,

3.

Marche.

Chaque escadron fera un *quart de converfion à droite.*

Ou, fi c'eft *à gauche*, chaque divifion de la colonne, fera un *quart de converfion à gauche.*

ARTICLE 5.

SE FORMER OBLIQUEMENT EN AVANT.

LORSQU'ON voudra former le régiment obliquement en bataille, par rapport à la direction qu'il aura étant en colonne, on commandera :

1.

Attention.

2.

Escadron, ⎧ *demi à gauche,* ⎫
Compagnie, ⎨ ou ⎬ *en bataille en avant.*
Division, ⎩ *demi à droite,* ⎭

3.

Marche.

Si c'eft fur la gauche, tous les efcadrons &c. feront un *demi-quart de converfion à gauche*, après lequel le premier efcadron fera *halte*, & les autres efcadrons fe porteront enfuite en avant fur l'alignement du premier.

Si c'eft à droite, on exécutera les mouvemens contraires.

ARTICLE 6.

SE FORMER EN BATAILLE EN ARRIÈRE.

LORSQU'UN régiment sera en colonne, & qu'on voudra le former en bataille en arrière, on commandera :

1.

Attention.

2.

En bataille en arrière.

3.

Marche.

Le quatrième escadron, s'il se trouve avoir la queue de la colonne, fera *demi-tour à gauche*, se portera huit pas en avant, & fera *halte :* les autres escadrons feront en même temps chacun un *à gauche & demi*, pour venir diagonalement se former successivement à la droite les uns des autres, se conformant d'ailleurs à ce qui est prescrit ci-devant pour former un régiment en bataille en avant.

Dans le cas où le régiment marcheroit en colonne renversée, & que le premier escadron auroit la queue de la colonne, on exécuteroit cette manœuvre par des mouvemens contraires, puisqu'alors les escadrons qui auroient la tête de la colonne, devroient se porter vers leur droite pour former le régiment dans son ordre naturel.

Lorsqu'on aura à se mettre en bataille sur un terrein plus reculé que celui qu'on occupera en colonne, on fera faire une *demi-converfion* à chaque troupe de la colonne, pour se porter jusque sur le terrein qu'on voudra occuper, & se mettre ensuite en bataille en avant.

CHAPITRE 9.

DES CHANGEMENS DE FRONT.

QUAND on voudra changer le front d'un régiment en bataille, on se conformera à ce qui suit :

ARTICLE I.er

CHANGER LE FRONT SUR LA DROITE
ou *SUR LA GAUCHE.*

ON commandera:

1.

Attention.

2.

Escadrons, { *à droite,* ou *à gauche,* } *en bataille en avant.*

3.

Marche.

Si c'est à droite, le premier escadron fera *à droite* & *halte*, les autres escadrons feront en même temps chacun un *demi-quart de conversion à droite*, pour se porter en avant & se former successivement sur l'alignement du premier escadron.

Si c'est à gauche, on exécutera les mouvemens contraires.

ARTICLE 2.

CHANGER LE FRONT OBLIQUEMENT
SUR LA DROITE ou SUR LA GAUCHE.

SI au lieu de faire entièrement *face* à l'un des flancs, on ne veut y faire *face* qu'obliquement, on commandera:

1.

Attention.

2.

Escadrons, { *demi à droite,* ou *demi à gauche,* } *en bataille en avant.*

3.

Marche.

Tous les escadrons feront un *demi-quart de conversion à droite* ou *à gauche*, après lequel l'escadron de la tête fera *halte,*

halte, & tous les autres escadrons se porteront ensuite en avant sur son alignement.

Dans le cas où il seroit nécessaire de changer de front sans rompre l'ordre de bataille, on feroit faire à toute la ligne, une *portion de conversion*, pour avancer la droite ou la gauche sur le point déterminé.

ARTICLE 3.

RECULER L'UNE DES AILES.

LORSQU'ON voudra reculer l'une des ailes, si c'est l'aile droite, on commandera:

1.

Attention.

2.

Escadrons, à gauche & demi, en bataille en avant.

3.

Marche.

Tous les escadrons feront un *quart de conversion & demi à gauche*, après lequel l'escadron de la tête fera *halte*, & tous les autres se porteront en avant sur son alignement.

On commandera ensuite une *demi-conversion* par escadron, pour faire *face en tête*.

On pourra encore faire exécuter cette manœuvre de la manière suivante:

On fera faire à chaque escadron une *demi-conversion par division* ou *par quatre*; après quoi on commandera: *Escadron, demi à droite en bataille en avant*; ce qui étant exécuté, on fera *face en tête* par une seconde *demi-conversion par division* ou *par quatre*.

On exécutera les mouvemens contraires pour reculer la gauche.

ARTICLE 4.

CHANGER LE FRONT SUR LE CENTRE

LORSQU'ON voudra changer de front sur le centre, si c'est à droite, on fera faire *demi-tour à gauche par compagnie, division* ou *par quatre*, aux escadrons de l'aile droite; après quoi les deux escadrons du centre, feront ensemble un *à droite* ou un *demi à droite* sur le centre : ceux des ailes feront en même temps chacun un *demi à droite*, pour se porter en avant sur l'alignement des escadrons du centre, où ils feront un second *demi à droite* en y arrivant : les escadrons de l'aile droite feront ensuite *face en tête* par un second *demi-tour à gauche par compagnie, division* ou *par quatre*.

Si la ligne étoit formée en muraille, on feroit cette demi-conversion *à droite*, au lieu de la faire *à gauche*.

CHAPITRE 10.

CHANGEMENS DE POSITION.

LORSQU'ON voudra changer la position d'un régiment en bataille, on pourra le faire sur le même alignement, ou diagonalement en avant de la droite ou de la gauche.

Si c'est sur le même alignement, on commandera *à droite* ou *à gauche par quatre*, & dès qu'après avoir marché par le flanc, on sera arrivé sur le terrein qu'on voudra occuper, on fera faire *face en tête* par les mouvemens contraires.

Si on veut porter le régiment diagonalement en avant de la droite ou de la gauche, on commandera :

1.

Attention.

2.

Escadron,
ou
Compagnie, } *demi à droite* ou *demi à gauche.*

3.

Marche.

Si on a commandé un *demi à droite*, chaque escadron ou compagnie, après l'avoir achevé, se portera en avant ; ou s'il a été commencé de pied-ferme, on commandera une seconde fois *marche ;* alors toute la ligne marchera diagonalement en avant, en ordre de bataille brisé ou indirect, jusque sur le terrein où on voudra la porter.

Après quoi on commandera :

I.

Attention.

2.

Demi à gauche en bataille.

3.

Marche.

Chaque escadron ou compagnie se remettra en bataille, faisant *face en tête* par un *demi à gauche*, après lequel on commandera *halte*.

CHAPITRE II.

DE L'ORDRE OBLIQUE PAR ÉCHELONS.

LORSQU'ÉTANT en bataille, on voudra disposer chaque escadron ou division quelconque en avant l'une de l'autre, par échelons en ordre oblique, on fera les commandemens suivans :

I.

Attention.

2.

Escadron, &c. } *par échelons, formez l'ordre oblique.*

3.

Marche.

Au troisième commandement, le premier escadron se portera directement en avant ; le second escadron se mettra en mouvement, pour marcher aussi en avant, dès que le premier escadron l'aura dépassé du front d'un escadron & deux ou trois pas de plus, & se portera un peu sur la droite, jusqu'à ce que sa file droite soit presque à hauteur de la file gauche du premier escadron.

Le troisième escadron se mettra ensuite en mouvement, & successivement le quatrième ; observant la même règle par rapport à l'escadron qui les précèdera.

On fera le commandement *halte* dès que l'ordre oblique sera formé, ou l'on continuera de se porter en avant, si on le juge à propos.

Si on vouloit former l'ordre oblique en avant de la gauche, on en feroit mention dans le commandement, & l'on exécuteroit par la gauche ce qui vient d'être preſcrit pour la droite.

Lorſqu'en marchant en colonne, on voudra former l'ordre oblique, on fera les commandemens ſuivans:

I.

Attention.

2.

Eſcadrons, $\left\{ \begin{array}{c} \textit{ſur la gauche} \\ \textit{ou} \\ \textit{ſur la droite} \end{array} \right\}$ *par échelons, formez l'ordre oblique.*

3.

Marche.

Si c'eſt ſur la gauche, le premier eſcadron continuera de ſe porter en avant, en ralentiſſant ſon pas; les autres eſcadrons feront un *demi à gauche*, plus ou moins, pour marcher en avant, & à meſure qu'ils arriveront, & que leur file droite aura dépaſſé d'environ deux pas la direction de la file gauche de l'eſcadron qui les précèdera, ils feront ſucceſſivement un *demi à droite*, après lequel ils marcheront en avant; obſervant deux ou trois pas environ de diſtance de plus que le front d'un eſcadron.

L'ordre oblique étant formé, tous les eſcadrons marcheront le même pas au commandement qui en ſera fait, ou feront *halte*.

Lorſqu'on voudra exécuter cette manœuvre de pied-ferme, on fera ſerrer les eſcadrons, pour n'obſerver de diſtance entre eux que le front d'un eſcadron & cinq ou ſix pas de plus environ; tous les eſcadrons, excepté le premier de la colonne, qui ne bougera, feront enſuite *à gauche par quatre*, pour marcher vers le flanc, & à meſure qu'ils dépaſſeront celui de leur droite, ils feront ſucceſſivement *halte, front*, par un *à droite par quatre*, & s'aligneront.

On pourra donner moins d'obliquité à cet ordre, ſi on le juge à propos, pour embraſſer moins de terrein; dans ce cas, on commandera de ne former l'ordre que *demi-oblique*, & chaque eſcadron obſervera alors d'avoir ſa file intérieure à hauteur du centre de l'eſcadron qui le précèdera,

& de

& de garder quatre ou cinq pas de diſtance de moins qu'il
ne doit en obſerver en colonne.

Pour former l'ordre oblique ſur la droite, on exécutera
les mouvemens contraires.

Cet ordre étant mitoyen entre l'ordre de bataille & la
colonne, ſera ſuſceptible de pluſieurs avantages ; 1.ᵉʳ celui
de refuſer une aile ; 2.° de prendre l'ennemi en flanc, en
ſe mettant en bataille par un *demi-quart de converſion* ſur le
terrein qu'on occupera alors ; 3.° d'être préparatoire pour
ſe mettre en bataille en avant ; 4.° enfin celui de ſe mettre
en colonne ſuivant que les circonſtances peuvent l'exiger.

Lorſqu'on voudra changer l'ordre oblique en ordre de
bataille en ligne, ſi c'eſt ſur le même terrein, chaque eſcadron fera un *demi-quart de converſion* ; ſi c'eſt en avant,
les derniers eſcadrons ſe porteront légèrement en avant ſur
l'alignement du premier, obſervant leur intervalle ordinaire ;
ſi au contraire, on veut ſe former en colonne, ils ſe porteront diagonalement les uns derrière les autres juſqu'à la
hauteur du premier eſcadron de la colonne, pour marcher
enſuite ſur la même direction : ou, ſi c'eſt de pied-ferme,
ils ſe reployeront tous par un *à droite par quatre*, pour former
la colonne derrière l'eſcadron de la tête qui ne bougera.

CHAPITRE 12.

SERRER et OUVRIR L'ORDRE DE BATAILLE.

ARTICLE 1.ᵉʳ

MARCHER EN MURAILLE.

LORSQU'EN marchant en bataille, on voudra ſerrer les
eſcadrons ſur le centre du régiment pour marcher en
muraille, on commandera :

1.

Attention.

2.

Eſcadrons en muraille.

3.

Marche.

Les deux eſcadrons de la droite appuieront à gauche en

X x

marchant, & les deux escadrons de la gauche appuieront à droite, pour ne laisser entr'eux que deux pas d'intervalle, après quoi ils se porteront directement en avant.

ARTICLE 2.

OUVRIR LES INTERVALLES.

QUAND on voudra faire observer les intervalles, on commandera :

1.

Attention.

2.

Escadrons, ouvrez les intervalles.

3.

Marche.

Les deux escadrons de la droite appuieront *à droite*, & les deux escadrons de la gauche appuieront *à gauche*, jusqu'à ce qu'ils aient entr'eux l'intervalle prescrit.

Pour parvenir à exécuter cette manœuvre avec précision, & n'être pas dans le cas de revenir sur ses pas pour avoir embrassé trop de terrein, la file de la gauche du second escadron (autrement dit *le guide*), & la file de la droite du troisième escadron qui se trouveront au centre du régiment, auront attention, dès qu'ils jugeront qu'ils seront assez éloignés l'un de l'autre, de ne plus appuyer vers les ailes du régiment, mais de se porter alors directement en avant, sans avoir égard aux Dragons qui pourroient s'éloigner d'eux.

La file de la gauche du premier escadron, & la file de la droite du quatrième escadron, auront seules la même attention, l'une par rapport au deuxième, & l'autre par rapport au troisième escadron : chacune de ces files devant être le guide de son escadron, servira de point d'alignement aux Dragons, qui observeront ce qui a été prescrit à cet égard au *Titre 20, chapitre 5 ; de la Marche en bataille.*

CHAPITRE 13.

DE LA CHARGE.

ARTICLE I.er

DE LA CHARGE CONTRE LA CAVALERIE.

TOUT escadron qui devra charger l'ennemi, le fera avec succès lorsqu'il attaquera le flanc de l'escadron qui lui sera opposé, ou qu'il y suppléera par la plus grande rapidité.

Pour marcher à l'ennemi, le Commandant après avoir fait mettre le sabre à la main, commandera:

I.

Prenez garde à vous, pour charger.

2.

Marche.

Les Dragons ébranleront leurs chevaux *au pas*, on commandera ensuite *au trot*; & lorsque la troupe ne sera plus qu'à cent cinquante pas environ de l'ennemi, on commandera *au galop*; alors les Tambours battront *la charge*, & les Dragons mettront leurs chevaux au galop, observant de se tenir toujours serrés & alignés pour arriver en bon ordre: lorsqu'ils ne seront plus qu'à vingt pas environ de l'ennemi, le Commandant d'escadron criera *à moi*; à ce signal, les Dragons feront *haut le sabre*, & serreront la botte vigoureusement pour arriver brusquement sur l'ennemi & le charger à coup de sabre, s'élevant sur leurs étriers.

Si l'on parvient à repousser l'ennemi, le Commandant d'escadron détachera, s'il le juge nécessaire, la division de la droite ou de la gauche de son escadron, ou les deux ensemble, pour les poursuivre & les empêcher de se rallier.

La charge finie, le Commandant fera faire *halte* pour reformer les escadrons, & ordonnera aux Tambours de *rappeler* pour faire rentrer les divisions qui seroient à la poursuite des ennemis; le Commandant d'un corps ne devant jamais perdre de vue qu'un des avantages le plus essentiel, un jour de combat, est de se rallier le plus promptement possible, pour être toujours en état de faire

face à l'ennemi, ou d'attaquer les nouvelles lignes qui pourroient se présenter.

A R T I C L E 2.

DE LA CHARGE CONTRE L'INFANTERIE.

LORSQU'ON devra charger de l'Infanterie, on se
disposera en colonne.

On placera à la tête de la colonne une troupe de Dragons destinés à tomber en fourrageurs sur l'Infanterie.

Ces dispositions étant faites, on s'ébranlera *au pas*, ensuite *au trot;* & lorsque la tête de la colonne ne sera plus
qu'à trois cents pas, les Dragons de la tête s'abandonneront
en fourrageurs sur l'ennemi, & seront suivis immédiatement
au galop par toute la colonne qui augmentera de vîtesse
en arrivant sur l'ennemi, pour le charger & pénétrer leur
ligne.

Si la tête de la colonne parvient à traverser la ligne
des ennemis, elle fera *halte*, pour se rallier, tandis que
les autres troupes de la colonne tourneront à droite & à
gauche, en pénétrant dans la ligne pour la prendre en flanc
& achever d'y mettre le désordre : elles se rallieront ensuite
le plus promptement possible, pour se mettre en état d'attaquer les autres troupes qui pourroient se présenter.

Au lieu de cette disposition, on pourroit, suivant les
circonstances, former *l'ordre oblique*, & sur-tout dans le
cas où il y auroit à craindre que la colonne ne fût enfilée
par le canon; chaque troupe se trouvant alors démasquée,
n'auroit aucun empêchement pour se porter en avant,
malgré le désordre qui pourroit arriver dans celle qui la
précéderoit.

Si l'infanterie ennemie étoit en colonne ou bataillon
carré, on dirigeroit l'attaque sur l'un des angles, comme
étant les parties les plus foibles.

CHAPITRE 14.

CHAPITRE 14.

METTRE PIED À TERRE POUR COMBATTRE.

QUAND il fera néceffaire de faire mettre *pied à terre* aux Dragons pour combattre, le Commandant détachera une troupe fuffifante, commandée par le Quartier-maître, ou le moins ancien Officier, pour la garde des chevaux; il fera enfuite ferrer les efcadrons fur le centre du régiment pour ne laiffer entre eux que fix pas d'intervalle, après quoi il fera cet avertiffement :

Prenez garde à vous pour coupler vos chevaux.

Cet avertiffement fervira aux Dragons deftinés à conduire les chevaux, pour ne point mettre pied à terre; on commandera enfuite :

I.

Préparez-vous pour mettre pied à terre.

2.

Pied à terre.

Les deux Dragons du centre de chaque divifion refteront à cheval, & tous les autres mettront *pied à terre*, ainfi qu'il eft prefcrit ci-devant aux *manœuvres de détail.*

3.

Reprenez vos rangs.

Tous les Dragons reprendront leur rang, & attacheront leurs chevaux par les rênes de la bride, au montant de la têtière du cheval qui fera vers le centre de la divifion, faifant le nœud de façon que la bride embraffe la muferolle & le montant de la têtière, le bout des rênes paffé dans la boucle du nœud, & le cheval attaché à un bon pied de longueur.

Les Dragons du centre de chaque divifion, qui feront reftés à cheval, prendront les rênes du cheval de leur voifin qui aura mis pied à terre; celui de la droite conduira les chevaux de la droite, & celui de la gauche conduira ceux de la gauche : ils croiferont leurs rênes dans la main dont ils mèneront leurs chevaux, & prendront de la même main le bout des rênes du cheval de main, le soutenant de l'autre main près du mors, les ongles en dessus.

Les Dragons ayant attaché leurs chevaux, feront *face en tête*, décrocheront le mousqueton, le porteront, & les Officiers mettront le sabre à la main.

On pourra, suivant les circonstances, se mettre en colonne par escadron, compagnie ou division, pour mettre *pied à terre*, & présenter moins de front.

4.

Dragons, en bataille.

Les Dragons du premier rang marcheront en avant pour se former sur le terrein qui leur sera indiqué, & ceux du second rang, passant par les ailes de leurs escadrons, iront se former derriere eux, savoir, ceux de la compagnie de la droite de chaque escadron, en défilant par la droite, & ceux de la compagnie de la gauche, en défilant par la gauche.

Si l'on a mis pied à terre en colonne, les Dragons sortiront de leur intervalle, pour se former tout de suite en avant.

Les Dragons étant formés, les Officiers & Maréchaux-des-logis prendront les places qui leur sont indiquées ci-après dans la *Formation à pied.*

Le régiment étant prêt à marcher, le Commandant fera exécuter les différentes manœuvres ou feux qu'il jugera à propos, se conformant à cet égard, à ce qui est prescrit ci-après pour les *manœuvres à pied des Dragons.*

Lorsque le Commandant voudra faire remonter à cheval, il fera faire *demi-tour à droite*, & la troupe étant arrivée à quinze pas environ des chevaux, il commandera :

Dragons, à cheval.

A ce commandement, le second rang, qui se trouvera alors le premier, ira rejoindre ses chevaux par le côté de l'escadron, où il sera venu se mettre en bataille; & le premier rang, qui sera le second, continuera de marcher devant lui; on aura attention d'approcher les chevaux avec précaution, pour ne point les épouvanter, & éviter le désordre qui en résulteroit.

Lorsque les Dragons seront arrivés à leurs chevaux, ils

accrocheront le mousqueton & le passeront sur l'épaule droite; ils détacheront ensuite leurs chevaux, & monteront à cheval ainsi qu'il est prescrit ci-devant; ce qui étant exécuté, on fera reprendre les intervalles aux escadrons, ou, si l'on est en colonne, on se mettra en bataille par un *quart de conversion*.

Si l'on étoit obligé de se battre en retraite en rejoignant ses chevaux, la troupe qui seroit restée à cheval s'avanceroit pour protéger le régiment & faire tête aux ennemis, le Commandant détacheroit s'il le jugeoit nécessaire, un escadron ou deux pour aller légèrement rejoindre ses chevaux & revenir ensuite secourir le reste du régiment.

Lorsque les Dragons d'une légion se trouveront obligés de faire des mouvemens rétrogrades, & qu'ils auront un pont, un bois ou autre défilé à passer, le Commandant détachera d'avance un nombre suffisant de Dragons pour aller légèrement mettre pied à terre & s'emparer du défilé; dans ce cas, sur trois Dragons, il en restera un à cheval pour mener en main & sauver au-delà du défilé, les chevaux des Dragons qui auront mis pied à terre.

CHAPITRE 15.

DE LA RETRAITE.

LORSQU'ON sera dans le cas de faire des mouvemens rétrogrades, on fera marcher environ vingt-cinq pas en avant, la compagnie de la droite de chaque escadron, pour former une première ligne, qui se serrera sur son centre en marchant pour observer un ordre de bataille, tant plein que vide; après quoi la compagnie de la gauche fera *demi-tour à droite par division,* par quatre ou par file, au choix du Commandant; le Capitaine de serre-file de chaque escadron s'étant placé à la tête de sa compagnie, marchera au petit trot jusqu'à cent pas environ derrière la première ligne, où il se remettra *face en tête* par un second *demi-tour à droite,* se plaçant vis-à-vis des intervalles de la première ligne.

Dès que la seconde ligne se sera formée, la première ligne fera les mêmes mouvemens & marchera au petit trot

pour paffer dans les intervalles de la feconde ligne, la première compagnie qui fe trouvera alors à la gauche de la
première ligne, obfervant de paffer en dehors des intervalles de la deuxième ligne: lorfque la première ligne fera
prête d'arriver dans les intervalles de la feconde, celle-ci
fe portera dix ou douze pas en avant & fera *halte*, jufqu'à
ce que la première ligne fe foit reformée à cent pas environ derrière elle; alors elle fera *demi tour à droite*, pour
fe retirer dans le même ordre derrière la première ligne,
& fucceffivement autant de fois que les circonftances
l'exigeront.

Quand le nombre d'efcadrons fera affez confidérable
pour être formé fur deux lignes, on exécutera cette manœuvre par efcadron au lieu de le faire par compagnie,
en fe conformant de même à ce qui vient d'être prefcrit
ci-deffus pour replier fucceffivement une ligne derrière
l'autre:

On détachera des efcadrons, les tirailleurs néceffaires
qui fe porteront en avant pour occuper les ennemis &
favorifer la retraite.

CHAPITRE 16.

SIMULACRE DE DESORDRE DANS LE COMBAT.

LORSQUE les efcadrons marcheront en bataille, on les
exercera quelquefois à laiffer en chemin plufieurs Dragons,
qui feront cenfés mis hors de combat; & on fuivra à cet
égard tout ce qui eft prefcrit ci-devant pour l'Infanterie.

CHAPITRE 17.

DISPOSITIONS D'UNE AVANT-GARDE.

LES avant-gardes fe tiendront à cent pas au plus de la
troupe qu'elles précèderont; elles poufferont devant elles
& fur les flancs, les Dragons néceffaires pour éclairer la
marche.

Le Commandant fera d'ailleurs les difpofitions qu'il
croira

croira nécessaires relativement à la nature du terrein qu'il aura à parcourir.

S'il marche à l'ennemi dans un pays ouvert, il ne doit avoir en avant de lui que quelques tirailleurs, le reste de la troupe doit marcher en bon ordre.

S'il est obligé de passer un ruisseau, un ravin profond, un chemin croisé ou couvert, des haies aboutissantes à des bois, un défilé, &c. il doit faire fouiller le terrein & ne point trop aller en avant qu'il n'ait été bien reconnu.

Lorsqu'il marchera dans un pays fourré, il laissera quelques Dragons entre l'avant-garde & la troupe, postés de distance en distance & à vue, pour que la troupe ne prenne point un autre chemin.

Ces avant-gardes seront plus fortes pendant la nuit, elles seront suivies de près par la troupe, & alors elles marcheront toujours le sabre à la main, afin que si elles rencontroient l'ennemi, elles puissent le charger subitement & sans lui donner le temps de se reconnoître.

Ces avant-gardes rejoindront leur troupe, lorsqu'elles en auront reçu l'ordre du Commandant.

CHAPITRE 18.

DISPOSITIONS D'UNE ARRIÈRE-GARDE.

LES arrière-gardes se tiendront pareillement à cent pas au plus derrière la troupe; elles se feront suivre à trente pas par un nombre de Dragons nécessaires, pour être informées de ce qui viendroit derrière elles; elles se rapprocheront de la troupe lorsqu'elles marcheront la nuit, & les Dragons qui les suivront, se tiendront à dix pas derrière elles.

CHAPITRE 19.

DE LA PETITE GUERRE.

POUR exercer les Dragons à la petite guerre, & leur en donner l'intelligence, on placera une division ou une compagnie vis-à-vis d'une autre, à deux ou trois cents pas de distance environ.

Le Commandant de chacune de ces troupes, détachera devant lui un quart de rang aux ordres d'un Brigadier ou Maréchal - des - logis, qui détachera aussi devant lui, la moitié de son monde pour faire le coup de pistolet.

L'un & l'autre Commandant ayant fait leurs dispositions, mettront leurs divisions en mouvement; l'une sera l'attaquante, tandis que l'autre sera censée être sur la défensive: on observera toujours à peu près la même distance entre ces deux troupes, afin d'éviter la confusion.

Les hommes détachés en avant, combattront seuls, dispersés; le Brigadier ou Maréchal-des-logis, aura attention d'aller à propos à leur secours, & le Commandant de la troupe veillera à la sûreté de celui-ci.

Les Tirailleurs qui auront été mis en fuite, se rallieront derrière le Brigadier ou Maréchal-des-logis, qui les fera remplacer tout de suite par un pareil nombre.

Le Commandant de la troupe qui fera sa retraite, la fera légèrement; il fera *front* de temps en temps, pour favoriser la retraite de ses Tirailleurs, qui ne s'engageront point trop avant sur les attaquans, mais ils y feront quelques pointes, pour leur en imposer & se retirer ensuite avec plus de liberté.

Après que l'une de ces troupes aura fait sa retraite, l'autre la fera à son tour, & on exercera successivement les Officiers & les Dragons à cette manœuvre.

On fera rentrer ensuite tous les Dragons détachés & dispersés en avant, & on punira sévèrement ceux qui ne rejoindroient point leur troupe au premier signal.

Chaque troupe étant reformée, on les exercera à marcher en ordre de bataille, l'une vis-à-vis de l'autre, pour se charger le *sabre haut ;* dès qu'elles seront arrivées à la portée du fabre, les Dragons des premiers rangs s'élèveront fur leurs étriers, & feront cliqueter leurs fabres pendant une minute environ, pour accoutumer les chevaux à ce bruit; après quoi, l'une des deux troupes fera fa retraite (ce qui s'exécutera en faifant faire *demi-tour à droite par homme* au fecond rang & enfuite au premier, ou en faifant longer la troupe fur fa gauche, par la manœuvre de *tête à botte*, au choix du Commandant), & ira enfuite fe rallier à cent cinquante pas environ, où s'étant remife en ordre, elle reviendra à la charge & fera cenfée victorieufe à fon tour.

La troupe victorieufe fuivra quelques pas celle qui fe retirera, après quoi elle fera *halte*.

Cet exercice fini, on fera remettre ces deux troupes en bataille, comme elles étoient auparavant.

CHAPITRE 20.

MOYENS POUR ACCOUTUMER
LES CHEVAUX AU FEU.

LORSQUE le Commandant jugera à propos d'exercer les chevaux au *feu*, il fera mettre les efcadrons en colonne par compagnies ou divifions, &c. pour marcher un bon pas de route; il donnera enfuite fes ordres pour faire le *feu de billebaude* ou à volonté.

Cette manière eft la plus fûre & la plus fimple pour accoutumer les chevaux au *feu*, en obfervant de leur rendre fouvent la main.

Quand le Commandant voudra faire ceffer le *feu*, il fera faire un *roulement*, auquel fignal les Dragons cefferont de tirer.

TITRE 22.

De la Promenade des Chevaux.

LORSQUE le Commandant d'une légion, d'un escadron ou d'une compagnie, jugera nécessaire de faire promener les chevaux dans le temps où la rigueur de la saison ou le mauvais temps ne permettront pas de les exercer, les Dragons seront en bonnet & n'auront point de sabre, les chevaux n'auront qu'une couverture & un bridon d'écurie; il y aura un Officier & un Maréchal-des-logis à chaque compagnie: l'Officier n'aura point de place fixe, il se portera tantôt à la tête, tantôt à la queue & sur les flancs, pour voir si les Dragons ne tracassent point leurs chevaux, s'ils marchent bien dans leur rang, & s'ils ont attention à ne point donner d'atteintes, & le Maréchal-des-logis marchera à la queue.

Cette promenade faite pendant une heure environ, on ramènera la troupe dans son quartier.

TITRE 23.

Des différens Exercices à pied pour les Dragons.

LES Dragons ne devant combattre à pied que dans des cas imprévus, il sera inutile de les fatiguer mal-à-propos, aux différens Exercices à pied, ni d'exiger d'eux la même précision que l'Infanterie, ce qui ne pourroit s'acquérir qu'au préjudice des Exercices à cheval dont l'objet est bien plus essentiel.

CHAPITRE 1.er

CHAPITRE I.er

DE L'ASSEMBLÉE PARTICULIÈRE
DES DRAGONS À PIED.

ON se conformera pour assembler les Dragons à pied, à ce qui est prescrit ci-devant, pour l'assemblée de l'Infanterie.

Lorsque le Capitaine jugera nécessaire de faire l'inspection des armes, il fera à sa compagnie les commandemens ci-après.

CHAPITRE 2.

DE L'INSPECTION À PIED.

I.

Prenez garde à vous.

2.

Préparez-vous pour l'inspection.

Les Dragons étant disposés sur deux rangs ouverts, la crosse à terre, la main droite à deux doigts du bout du canon, le pouce alongé, feront un *demi à droite* sur le talon gauche, ils placeront le pied droit en équerre derrière le gauche, les talons joints, ils passeront de la main droite le mousqueton dans la main gauche, le saisissant au milieu du canon au-dessous du porte-baguette, pour le tenir le long de la cuisse gauche, la baguette tournée vers le corps, la platine à hauteur du genou, ils mettront de la main droite la baguette dans le canon, & feront ensuite *face en tête,* se reposant sur le mousqueton.

Ces mouvemens étant exécutés, le Capitaine & le Lieutenant parcourront chacun le front d'un rang, pour faire l'inspection des armes.

Lorsqu'on voudra examiner seulement si les armes sont chargées ou non, les Dragons ne bougeront point de leur position; & dès que l'Officier aura dépassé de deux hommes le Dragon qui aura été inspecté, celui-ci, sans attendre de commandement, passera le mousqueton à gauche, remettra la baguette en son lieu, & sera ensuite *face en tête*, en reportant le mousqueton à droite, la crosse à terre.

Si on veut de plus examiner les mousquetons, l'Officier en arrivant au premier Dragon du rang, commandera, *montrez vos armes*; alors celui-ci montrera son mousqueton en trois temps:

> Au premier, élevant le mousqueton de la main droite en avant de la cuisse droite, la main à hauteur de la cravate, il le saisira de la main gauche à hauteur du ceinturon:

> Au deuxième, il élèvera de la main gauche le mousqueton entre les deux yeux, la main à hauteur de la cravate, & il le saisira de la droite à la poignée:

> Au troisième, il élèvera le mousqueton de la main droite, tournant la platine en avant à hauteur de la cravate, & à un pied de distance environ, la main gauche tombante sur le côté.

L'Officier examinera si le mousqueton est chargé ou non, il le prendra, s'il le le juge à propos, pour s'assurer encore mieux s'il est en bon état; après quoi il rendra le mousqueton au Dragon, qui passera tout de suite l'arme à gauche en deux temps:

> Au premier, il baissera le mousqueton de la main droite à hauteur du ceinturon, & le saisira de la gauche au-dessous du porte-baguette:

> Au deuxième, faisant un *demi à droite* & plaçant le pied droit en équerre derrière le gauche, les talons joints, il abandonnera le mousqueton de la main droite pour le baisser de la gauche, la platine à hauteur du genou, remettra la baguette & reportera le mousqueton à droite la crosse à terre, faisant en même temps *face en tête*.

Dès que l'homme qui aura été inspecté, sera son premier temps pour passer l'arme à gauche, celui qui devra l'être à son tour, commencera au même moment son premier temps pour montrer ses armes, & ainsi des autres qui exécuteront successivement tous les mouvemens prescrits pour le premier Dragon.

On suivra d'ailleurs tout ce qui est prescrit ci-devant à l'inspection de l'Infanterie, *page 21*, de même que pour se rendre au lieu d'assemblée du régiment.

Les Officiers supérieurs qui se trouveront au quartier d'assemblée à l'arrivée des compagnies, se conformeront aussi pour rompre le régiment, & le conduire sur le terrein où il devra être exercé, à tout ce qui est prescrit pour l'Infanterie.

Les Officiers qui marcheront à la tête des divisions, ainsi que les Officiers-majors & bas Officiers, auront tous le sabre à la main.

Le régiment étant arrivé & formé en bataille sur le terrein où il devra être exercé, le Commandant se portera en avant du front pour faire les commandemens : mais avant de faire exécuter aucune manœuvre, il avertira les Officiers de se rendre à leur place de bataille ; cet avertissement sera suivi d'un *roulement*, après lequel les Lieutenans & Sous-lieutenans, se placeront à la droite & à la gauche des escadrons, & les Capitaines resteront à la tête de leur compagnie.

T I T R E   24.

De l'Exercice ou Maniement des armes à pied pour les Dragons.

C H A P I T R E   1er.

O B S E R V A T I O N S   G É N É R A L E S.

Toutes les fois que les Dragons prendront les armes à pied, ils porteront le mousqueton dans le bras droit, le canon en arrière & presque d'à-plomb, la baguette en dehors, le bras tendu, la main droite embrassant le chien & la sougarde, la crosse à plat le long de la cuisse droite, & la main gauche pendante sur le côté.

Le maniement des armes sera divisé en deux parties, la première comprendra le maniement du mousqueton ; & la deuxième comprendra le maniement des armes : on se conformera d'ailleurs à ce qui est prescrit au *Titre 9*, *chapitre 1er*, *concernant le Maniement des armes de l'Infanterie.*

PREMIÈRE PARTIE.

DU MANIEMENT DU MOUSQUETON.

LE maniement du mousqueton se fera toujours à rangs ouverts, & jamais en plus grand nombre que par une ou deux compagnies.

Les Dragons portant l'arme au bras droit, on fera ouvrir les rangs, après quoi on fera cet avertissement :

Prenez garde à vous pour le maniement du mousqueton.

A cet avertissement, l'homme d'aile se portera en avant de la droite, & à la distance nécessaire pour être aperçu du front de la troupe, y faisant face.

PREMIER COMMANDEMENT.

La platine sous le bras gauche.

En deux temps :

Au premier, tournant le mousqueton le canon en dehors, on le portera vis-à-vis l'épaule gauche, plaçant la main droite à la poignée le pouce alongé sur la contreplatine ; & on le saisira de la main gauche à la capucine à hauteur de l'œil le pouce alongé le long du bois.

Au deuxième, on passera la platine sous le bras gauche, la main droite accompagnant la crosse jusque sous le bras pour ensuite se replacer sur le côté.

2.

Portez vos armes.

En deux temps :

Au premier, on passera tout de suite le mousqueton au bras droit :

Au deuxième, la main gauche se replacera sur le côté.

3.

L'arme au bras.

En trois temps consécutifs, d'un seul mouvement :

Au

Au premier, comme au premier temps du premier commandement :

Au deuxième, on croisera l'avant-bras gauche par-dessus la poignée, laissant appuyer le chien sur le bras :

Au troisième, la main droite se replacera sur le côté.

4.

Portez vos armes.

En trois temps consécutifs, d'un seul mouvement.

Au premier, on portera la main droite à la poignée, le pouce alongé pour détacher le mousqueton de l'épaule, & on le saisira de la main gauche à la capucine pour le tenir perpendiculaire :

Au deuxième, on passera le mousqueton au bras droit.

Au troisième, la main gauche se replacera à gauche.

5.

Présentez vos armes.

En un temps :

On détachera le mousqueton du bras droit, pour le porter vis-à-vis la cuisse gauche, le canon en dedans, la batterie à hauteur du ceinturon & à deux doigts de distance environ, le saisissant en même temps de la main gauche à la capucine, le pouce alongé & retirant le pied droit à six pouces en arrière de sa place, sans effacer le corps.

6.

Portez vos armes.

En un temps :

On passera le mousqueton dans le bras droit en frappant du pied droit pour le replacer à côté du gauche, & la main gauche se replacera à gauche.

7.

Crosse à terre.

En deux temps :

Au premier, on portera la main gauche au canon à hauteur du teton, & baissant en même temps le mousqueton, on le saisira de la main droite au bout du canon, le pouce alongé.

Au deuxième, abandonnant le mousqueton de la main gauche, on le baissera de la droite pour poser doucement & sans aucun bruit la crosse à terre, le talon de la crosse à deux pouces environ & sur l'alignement de la pointe du pied droit.

8.

Portez vos armes.

En deux temps :

Au premier, on élèvera le mousqueton de la main droite pour le saisir de la main gauche à la capucine, & tout de suite de la main droite à la poignée, embrassant le chien & la sougarde.

Au deuxième, la main gauche se replacera sur le côté.

DEUXIÈME PARTIE.

DU MANIEMENT DES ARMES.

LE Commandant s'étant porté en avant du front du régiment à la distance nécessaire pour être entendu de la troupe, & suivi d'un Tambour, fera cet avertissement :

Prenez garde à vous pour le maniement des armes.

A cet avertissement, le Tambour fera *un roulement*, & donnera ensuite un coup de baguette.

A ce signal, tous les Officiers mettront le sabre à la main, s'ils ne l'ont pas déjà, & le Colonel-commandant, le Lieutenant-colonel & le Major, iront se placer sur le flanc du régiment ; les Lieutenans passeront en serre-file derrière la première division de leur compagnie, & les Capitaines les remplaceront aux ailes de leur escadron.

L'homme d'aile partira en même temps pour se porter en avant de la droite, à la distance nécessaire pour être aperçu du front de la troupe à laquelle il fera face.

Le Commandant fera ensuite les commandemens suivans : ou, s'il veut faire exécuter les mouvemens à la muette, il fera faire un *second roulement* fuivi d'un coup de baguette, après lequel l'homme d'aile partira pour donner le premier fignal, & la troupe fe réglant fur lui, exécutera les mouvemens ci-après.

PREMIER COMMANDEMENT.

Apprêtez vos armes.

En deux temps, dans la valeur d'un feul.

Au premier, on élèvera le moufqueton de la main droite, la plaçant tout de fuite à la poignée, & on le faifira de la gauche à la capucine à hauteur des yeux, faifant en même temps un *demi à droite* fur le talon gauche, & plaçant le pied droit, favoir, le premier rang à fix pouces en arrière du gauche; & le fecond rang, fans effacer le corps, à douze pouces fur la droite, & à fix pouces en arrière de l'alignement du talon gauche; on placera auffitôt le pouce de la main droite fur le chien, le premier doigt fur la partie fupérieure de la fougarde:

Au deuxième, on armera le moufqueton.

2.

En joue.

En un temps:

Comme il eft prefcrit au maniement des armes de l'Infanterie.

3.

Feu.

En un temps:

Comme il eft prefcrit pour les deux derniers rangs, au maniement des armes de l'Infanterie.

4.

Chien en fon repos.

En un temps:

Comme il eft prefcrit au maniement des armes de l'Infanterie.

5.

La Cartouche.

En trois temps :

Comme il eſt preſcrit pour l'Infanterie.

6.

Fermez le baſſinet.

En un temps :

Comme pour l'Infanterie.

7.

Armes à gauche.

En deux temps :

Au premier, on paſſera la croſſe à gauche, en tournant le mouſqueton perpendiculaire près du corps, & coulant la main juſqu'au porte-baguette ; on baiſſera auſſitôt le mouſqueton, la platine à hauteur du genou, la baguette vers le corps :

Au deuxième, on mettra la cartouche dans le canon, donnant tout de ſuite un coup de main au bout du canon, & on ſaiſira la baguette, la main renverſée, le coude haut.

8.

Bourrez.

En ſix temps :

Les cinq premiers, comme il eſt preſcrit au neuvième commandement du maniement des armés à cheval, & le ſixième comme l'Infanterie.

9.

Portez vos armes.

En un temps.

On baiſſera le mouſqueton pour le placer dans le bras droit, faiſant en même temps *face en tête*, en frappant du pied droit pour le replacer à côté du gauche, & la main gauche ſe replacera à gauche.

CHAPITRE 2.

CHAPITRE 2.

DE LA CHARGE DU MOUSQUETON
À VOLONTÉ.

LORSQU'APRÈS le maniement des armes, le Commandant jugera à propos d'exercer les Dragons à charger vîte & sans intervalle entre les temps, il fera l'avertissement, *prenez garde à vous*, & ensuite le commandement:

Chargez vos armes.

Les deux premiers temps s'exécuteront de la manière suivante:

Au premier, faisant un *demi à droite* sur le talon gauche, on placera le pied droit en équerre derrière le gauche les talons joints: on fera en même temps *armes plates*, en plaçant le mousqueton dans la position prescrite au maniement des armes après avoir fait *feu*; on donnera un coup ferme de la main gauche à la capucine pour marquer ce temps, & on placera ensuite le pouce de la main droite devant la batterie.

Au deuxième, on ouvrira le bassinet; ces deux temps s'exécuteront avec l'homme d'aile.

Les Dragons prendront tout de suite la cartouche, la déchireront, amorceront, & fermeront le bassinet sans attendre personne; mais ils se règleront encore sur l'homme d'aile pour passer ensemble l'arme à gauche, ce qui étant exécuté, ils chargeront le mousqueton avec célérité, & le porteront tout de suite au bras droit sans se régler sur personne.

Le maniement des armes étant fini, le Commandant fera faire *un roulement*, après lequel le Colonel-commandant, le Lieutenant-colonel, le Major, les Capitaines, les Lieutenans, ainsi que l'homme d'aile, iront reprendre la place qu'ils occupoient avant le maniement des armes, & le Tambour ira rejoindre les autres.

Le Commandant exercera ensuite le régiment à telle manœuvre qu'il jugera à propos; mais il n'en fera exécuter aucune qui ne soit analogue aux manœuvres à cheval, afin de ne point compliquer l'attention du Dragon , & le confirmer de plus en plus dans celles qu'il doit exécuter à cheval.

Les compagnies, escadrons , &c. conserveront à pied comme à cheval, la même dénomination.

Quant à l'exécution des *feux*, on suivra ce qui est prescrit pour l'Infanterie, mais on ne les exécutera jamais en plus petit nombre que par compagnie.

T I T R E   25.

Des Signaux.

Lorsque la voix ne pourra se faire entendre à tous les bataillons & escadrons, soit en bataille ou en colonne, on se servira des signaux ci-après.

Pour rassembler une troupe ou pour lui faire serrer les rangs, lorsqu'elle sera assemblée, on fera *rappeler*.

Pour marcher en avant, on fera *battre aux champs*.

Lorsqu'on battra *la charge*, les Soldats marcheront le pas redoublé.

Lorsqu'on battra *la retraite*, l'Infanterie fera *demi-tour à droite* & marchera sur les derrières, & les Dragons feront leur mouvement en même temps, pour se retirer ainsi qu'il est prescrit pour les mouvemens rétrogrades.

On fera battre *la berloque* pour disperser ou envoyer à la paille, soit Infanterie ou Dragons.

Lorsque le Commandant voudra faire manœuvrer par les batteries ci-dessus désignées, il fera avec son arme, le signal aux Tambours, pour leur indiquer la batterie qu'il voudra faire exécuter.

Quand les troupes de la queue d'une colonne, ne

pourront pas en fuivre la tête ou qu'elles feront obligées de s'arrêter, elles feront *rappeler*, ce qui fera répété fuc-ceffivement par tous les Tambours de la colonne, jufqu'à la tête qui fera *halte*.

Dès que la queue aura rejoint ou qu'elle n'aura plus de raifon de s'arrêter, elle fera battre *aux champs*, ce qui fera répété de même par tous les Tambours de la colonne, auquel fignal la tête de la colonne fe remettra en marche; il fera cependant détaché un Officier-major, pour avertir celui qui commandera la colonne, du fujet pour lequel on fe fera arrêté.

Lorfque le Commandant fupérieur d'un camp ou d'un cantonnement, jugera néceffaire de fe fervir de fignaux de canon ou autres, pour faire manœuvrer, il fera donner par écrit aux Commandans des différens Corps, les mouvemens qu'ils auront à faire, afin qu'il n'y ait aucune méprife à cet égard.

TITRE 26.

De la formation d'une Légion.

LORSQU'UNE Légion s'affemblera pour s'exercer ou pour toute autre raifon, elle fera formée & divifée par brigades.

Chaque brigade fera compofée d'un bataillon & de deux efcadrons.

Le premier bataillon, avec le premier & le troifième efcadron, formeront la première brigade.

Le fecond bataillon, avec le deuxième & le quatrième efcadron, formeront la feconde brigade.

La première brigade fera placée à la droite, & la feconde à la gauche; les Dragons de la première brigade feront placés à la droite, & ceux de la seconde à la gauche de l'Infanterie.

Quand on formera chaque brigade en particulier, le premier escadron de la brigade sera placé à la droite, & le second à la gauche du bataillon.

Les Officiers supérieurs n'auront point de poste fixe; le Colonel se portera par-tout où sa présence sera nécessaire, & attachera les autres Officiers à telle partie de la légion qu'il croira le plus nécessaire.

T I T R E 27.

OBSERVATIONS sur les manœuvres d'une Légion.

LORSQUE toute une Légion marchera ensemble, soit en bataille, soit en colonne, on se conformera à tout ce qui est prescrit ci-devant au *Titre 20*, *des Principes généraux pour les Manœuvres*, soit que l'Infanterie ou les Dragons marchent au centre.

Lorsque le Commandant voudra mettre la Légion en mouvement pour la faire marcher en avant, il en fera le commandement, ou en fera avertir le Commandant du premier bataillon, qui fera à son bataillon le commandement *marche*, & aussitôt tous les autres Commandans de bataillon & d'escadron répéteront les mêmes commandemens, sans autre avertissement.

Toute la Légion marchant de front en bataille, s'alignera sur le centre, & observera exactement ses intervalles entre les bataillons & les escadrons.

Lorsque le Commandant voudra faire marcher la Légion en retraite, il en fera le commandement, qui sera répété par tous les Commandans de bataillon & d'escadron, ou

il en

il en fera avertir le Commandant du premier bataillon, qui commandera auffitôt *demi-tour à droite;* le Commandant du fecond bataillon fera le même commandement, & ceux des efcadrons commanderont *demi-tour à droite par divifion* ou *par quatre.*

On répètera les mêmes commandemens que ci-deffus pour faire *face en tête.*

Quand on voudra faire rompre la légion par *quart de converfion,* le commandement partira de même du centre; & pour la remettre en bataille, chaque Commandant de divifion répètera les mêmes commandemens qu'il entendra faire devant lui.

Lorfqu'on voudra rompre la légion marchant en bataille en avant, pour diminuer fon front, le Commandant, après avoir fait l'avertiffement *attention,* commandera: *par deux efcadrons & par deux bataillons, rompez en avant;* au commandement *marche,* les deux efcadrons de la droite continueront à marcher directement devant eux: les deux bataillons & les deux efcadrons de la gauche feront en même temps un *demi-quart de converfion à droite* par bataillon & par efcadron pour marcher en avant; & dès que les deux bataillons feront arrivés à hauteur & derrière les deux efcadrons de la tête, ils fe réuniront par un *demi-quart de converfion à gauche;* les deux derniers efcadrons fe réuniront de la même manière, pour prendre rang dans la colonne derrière l'Infanterie.

Si, au lieu de rompre la légion par deux efcadrons, on veut la mettre en colonne par efcadron, on fe conformera à ce qui eft prefcrit ci-devant aux évolutions de l'Infanterie & aux manœuvres de la Cavalerie.

On fuivra de même pour diminuer ou pour augmenter fucceffivement le front de la colonne, tout ce qui a été prefcrit à cet égard, en établiffant pour règle que, lorfque les efcadrons fe rompront par compagnie, les bataillons fe rompront par demi-bataillon, & ainfi de fuite.

D d d

Lorsque le Commandant voudra former la légion en bataille en tel sens que ce soit, il fera les commandemens relatifs à la manière dont il voudra la former, & chaque escadron & bataillon l'exécutera en se conformant de même à ce qui est prescrit ci-devant aux évolutions de l'Infanterie & aux manœuvres de la Cavalerie.

TITRE 28.

Des Manœuvres de guerre d'une légion.

CHAPITRE 1.er

DISPOSITIONS GÉNÉRALES POUR LA MARCHE D'UNE LÉGION.

LORSQU'UNE légion devra marcher à l'ennemi, le Commandant fera ses dispositions telles qu'il les croira le plus convenable.

S'il se met en marche sur une seule colonne, il en fera prendre la tête à la Cavalerie ou à l'Infanterie, relativement à la nature du pays qu'il aura à parcourir, & changera son ordre de marche toutes les fois que les circonstances l'exigeront.

Il donnera ses ordres pour qu'il soit détaché le nombre de Soldats & de Dragons nécessaires pour former l'avant & l'arrière-garde.

L'avant-garde se fera précéder par un nombre de Dragons, qui se porteront en avant & sur les flancs, pour examiner sur la route les endroits qui seroient susceptibles d'embuscade; ceux qui marcheront sur les flancs, passeront sur toutes les hauteurs à portée de la route, pour découvrir de plus loin.

La seconde disposition pour traverser une plaine, est de former la légion sur trois colonnes, l'Infanterie formant la colonne du centre, & les Dragons marchant sur les ailes : savoir, les deux escadrons de la droite formant la colonne par la gauche, & ceux de la gauche marchant par leur droite & observant le même intervalle entr'eux & l'Infanterie que celui qu'ils avoient en bataille.

Quand le Commandant jugera à propos de mettre la légion en bataille, il prendra la position qui lui paroîtra la plus avantageuse, & placera la Cavalerie au centre ou sur les ailes, ainsi qu'il le croira le plus convenable, relativement au terrein & aux circonstances.

Il exercera la légion à prendre & à changer légèrement son ordre de bataille, soit pour attaquer, soit pour se défendre, se conformant à cet égard à ce qui est prescrit ci-devant aux Évolutions & Manœuvres.

CHAPITRE 2.

DU PASSAGE D'UN DÉFILÉ
EN PRÉSENCE DE L'ENNEMI.

LORSQU'UNE légion aura un défilé à passer, le Commandant la fera former en bataille vis-à-vis du défilé, sans aucun intervalle entre les escadrons, & comme ce défilé peut être de plusieurs espèces, une gorge de montagne escarpée de toutes parts, un chemin dans un bois, &c. le Commandant fera passer son avant-garde, pour être instruit de ce qui pourroit se trouver de l'autre côté du défilé, après quoi il fera les commandemens nécessaires pour rompre la légion par le centre & faire passer l'Infanterie la première : la Cavalerie se joindra ensuite vers le centre pour suivre l'Infanterie ; les rangs seront toujours très-serrés en passant un défilé : ils le passeront lestement (s'il est d'une petite étendue) & lorsqu'on débouchera du défilé, on se déployera de droite & de gauche pour se former lestement en bataille par les ailes.

Dès que la dernière division de la colonne entrera dans le défilé, l'arrière-garde se disposera à le passer.

CHAPITRE 3.

DU PASSAGE D'UN DÉFILÉ
EN ARRIÈRE.

LORSQU'UNE légion sera obligée de faire des mouvemens rétrogrades, & qu'elle aura un défilé à passer, si elle y arrive en bataille, elle continuera de marcher jusqu'à cinquante pas environ du défilé que l'on tâchera de mettre derrière le centre, observant peu ou point d'intervalle entre les escadrons, & après avoir fait *halte*, on fera *face en tête*.

La troupe qui aura fait l'avant-garde, sera destinée à faire l'arrière-garde, & celle qui aura fait l'arrière-garde, sera employée à faire l'avant-garde, se plaçant l'une en avant & l'autre en arrière de la légion.

Le Commandant fera ensuite les commandemens nécessaires pour repasser le défilé par les escadrons des ailes, qui se rompront alternativement de droite & de gauche, & l'Infanterie formant ensuite la colonne de retraite, passera la dernière; mais si la rivière ou le ruisseau que l'on auroit à passer, se trouvoit gaïable, le Commandant seroit ses dispositions pour y faire passer la Cavalerie, tandis que l'Infanterie passeroit sur le pont.

Lorsque les Dragons, en repassant un défilé, se trouveront serrés de près par l'ennemi, le Commandant fera faire *front* aux dernières troupes de la colonne, tandis que les autres continueront leur marche; le dernier rang qui se trouvera alors le premier, chargera vivement l'ennemi à coups de sabre, & se retirera aussitôt de droite & de gauche par file, pour passer sur les flancs de la troupe qui fera ferme, & repasser le défilé.

Dès que ce premier rang aura fait sa pointe, & qu'il se retirera, le second rang fera aussitôt *feu*, & se reploiera de la même manière que le premier; le troisième rang fera ensuite sa pointe en avant pour charger à coups de sabre;

le

le quatrième rang chargera du piſtolet, & ſucceſſivement de tous les autres rangs, pour enſuite faire leur retraite ou ſe rallier, ainſi qu'il aura été ordonné.

S'il étoit néceſſaire de former la Légion en bataille; faiſant *face* au défilé après l'avoir paſſé par les ailes, les Dragons, en débouchant du défilé, longeroient de droite & de gauche, & feroient enſuite *feu* au défilé en ſe mettant en bataille, & l'Infanterie ſe formeroit de même entre les deux ailes de la Cavalerie, en ſe conformant à ce qui eſt preſcrit pour former la colonne de retraite en bataille.

CHAPITRE 4.

DISPOSITIONS DÉFENSIVES D'UNE LÉGION, MARCHANT EN PLAINE SUR TROIS COLONNES.

Première Diſpoſition.

LORSQU'UNE Légion marchant ſur trois colonnes, aura à ſe défendre contre des Troupes-légères, le Commandant fera rentrer l'avant & l'arrière-garde, & détachera de la colonne d'Infanterie des petits pelotons de cinq ou ſix hommes chacun, qui iront faire *feu*, paſſant au travers des diſtances des diviſions de Cavalerie.

Il ſera également détaché de la compagnie de Grenadiers, deux petits pelotons qui précèderont les deux colonnes de Cavalerie, à la queue de chacune deſquelles marchera auſſi un petit peloton détaché de la dernière troupe de la colonne d'Infanterie.

Tous ces pelotons, ainſi que la compagnie de Grenadiers, feront *feu* en marchant; & lorſque la queue de la colonne devra faire *feu*, elle fera *demi-tour à droite*.

Deuxième Diſpoſition.

LORSQUE la Légion marchant ſur trois colonnes, ſera attaquée en tête, & qu'il ſera néceſſaire par la nature du terrein & la diſpoſition de l'attaque, que la Cavalerie ſoit au centre, toutes les divisions de la droite de la colonne d'Infanterie, feront *à droite* par homme, celles de la gauche feront *à gauche*, & iront au pas redoublé passer à travers les distances des divisions de Cavalerie, pour faire *front* en se remettant en colonne à la distance qui leur sera désignée, & se former ensuite en avant par les ailes de la Légion, sur une ou deux lignes suivant qu'il aura été ordonné.

Pendant ce temps, la Cavalerie se formera sur deux lignes; la division de la tête de chaque escadron sera *halte*, tandis que les autres se formeront en avant, remplissant l'intervalle que l'Infanterie aura laissé au centre.

Troisième Disposition.

Si au lieu de se former en avant, la Légion se trouve attaquée par le flanc, & qu'il soit de même nécessaire que la Cavalerie reste au centre; les deux colonnes de Cavalerie feront *un quart de conversion à gauche* par division, après lequel elles feront *halte*.

Pendant ce temps, les quatre premières troupes de la colonne d'Infanterie marcheront en avant au *pas redoublé*; & dès que la dernière aura débordé la Cavalerie, elles feront alors ensemble *un quart de conversion à gauche*, par demi-troupe ou division, pour se former sur deux lignes à la droite de la Cavalerie, les Grenadiers occupant la droite de la première ligne.

Les quatre dernières troupes de sa colonne, feront en même temps *demi-tour à droite* par homme, pour marcher en arrière, & après qu'elles auront débordé la Cavalerie, elles feront *face en tête*, pour ensuite faire un *quart de conversion à gauche* par division, & se former dans le même ordre à la gauche de la Cavalerie.

Quatrième Disposition.

Si, au lieu de se former sur la gauche, la Légion se

trouve attaquée en queue, & qu'il foit néceffaire par la nature du terrein & la difpofition de l'attaque, que l'Infanterie fe trouve au centre, on fera faire à l'Infanterie, *demi-tour à droite* par homme, pour enfuite la former en avant fur deux lignes par les manœuvres ordinaires.

Les deux colonnes de Cavalerie, feront l'une *demi-tour à droite*, & l'autre *demi-tour à gauche* par divifion, pour fe former enfuite en avant fur deux lignes à la droite & à la gauche de l'Infanterie.

T I T R E 29.
Du Ralliement.

L ORSQUE le Commandant d'une Légion jugera à propos de l'exercer en totalité ou en partie, à fe reformer promptement, toutes les fois que les circonftances peuvent l'exiger à la guerre, on l'enverra *à la paille*.

Pour cet effet, on fera battre *la berloque*; & à ce fignal, les Soldats & Dragons quitteront leur rang & fe difperferont en avant, à l'exception de quelques petites troupes qu'on fera refter pour occuper l'alignement qu'on voudra faire reprendre à la Légion.

Quand le Commandant voudra enfuite rallier la Légion, il ordonnera aux Tambours de *rappeler*; alors les Officiers bas Officiers, Soldats & Dragons, fe rallieront promptement aux petites troupes qui feront placées fur l'alignement qu'ils devront occuper, & les Soldats & Dragons reprendront le plus diligemment qu'il fera poffible, leur rang par compagnie & divifion, & obferveront auffitôt le filence.

Lorfque le Commandant voudra faire difperfer les Dragons, feulement en avant du front de l'Infanterie, pour tirailler & faire le fimulacre de la petite guerre, il donnera fes ordres en conféquence; alors chaque efcadron fe portera en avant, & fe difperfera de droite & de gauche, les Dragons faifant *feu* du moufqueton ou de leurs piftolets.

Lorsque le Commandant jugera qu'ils feront affez éloignés, il fera faire un *roulement*, auquel fignal les Dragons ne dépafferont pas le terrein qu'ils occuperont alors, mais ils continueront cependant de tirer.

Si le Commandant veut enfuite les pouffer plus en avant, il fera battre *la marche*, auquel fignal les Dragons continueront à fe porter en avant à leur volonté.

Lorfqu'après cette manœuvre, le Commandant jugera à propos de les faire rallier, il fera *rappeler;* alors les Dragons viendront fe reformer fur les ailes de l'Infanterie, en fe conformant à ce qui eft prefcrit ci‑deffus, & on punira très-févèrement les traîneurs.

T I T R E 30.

Des Revues.

CHAPITRE 1.er

DES REVUES D'HONNEUR.

LORSQU'UNE Légion, un bataillon, un efcadron, ou une compagnie, devra paffer une revue d'honneur, elle fera formée dans l'ordre de bataille prefcrit ci-devant, les rangs ouverts, & les Officiers à la tête de leur troupe, ceux de l'Infanterie repofés fur les armes.

Dès que la perfonne, à qui l'on devra rendre des honneurs, arrivera à une certaine diftance de la troupe, le Commandant fera les commandemens néceffaires pour *préfenter les armes*, & pour *mettre le fabre à la main :* les Tambours battront de la caiffe, & les Officiers falueront de leur arme, foit de pied-ferme, foit en défilant, en fe conformant à ce qui a été prefcrit à cet égard.

CHAPITRE 2.

DES REVUES D'INSPECTION.

Si c'est une revue d'inspection que la Légion doit passer, le Commandant fera les mêmes dispositions que ci-dessus, pour recevoir l'Inspecteur, & lui fera rendre les honneurs attribués à son grade.

La Légion restera en bataille jusqu'à ce que l'Officier général chargé d'en faire l'inspection, ordonne de la mettre *en haie* par compagnie.

Les compagnies étant en haie, seront disposées de manière que les bas Officiers, Caporaux, Brigadiers, Appointés, Soldats ou Dragons, soient rangés suivant leur grade par ancienneté.

Le Fourrier & les Sergens ou Maréchaux-des-logis, seront placés à la droite de leur compagnie, ayant le Tambour à leur droite, les Caporaux ou Brigadiers seront placés à la gauche des Sergens ou Maréchaux-des-logis, & les Appointés, Soldats ou Dragons, à la gauche des Caporaux ou Brigadiers, tous rangés par ancienneté à la gauche les uns des autres, sans en transposer aucun.

On fera les livrets de revue dans ce même ordre, sans rien changer d'ailleurs, au rang que les compagnies doivent tenir dans les bataillons ou escadrons, ni à celui que les bataillons ou escadrons doivent tenir dans la Légion.

Lorsque l'Inspecteur se présentera devant une compagnie pour en faire la revue, les Officiers qui seront à la tête, salueront de leur arme, ils se porteront ensuite à six pas en avant de leur troupe & y feront face.

Si ledit Officier général après avoir vu la Légion en haie, ordonne qu'on la fasse défiler, on la reformera en bataille pour ensuite la faire défiler, & les Officiers salueront de leur arme.

CHAPITRE 3.
DES REVUES DE COMMISSAIRE
DES GUERRES.

Si la Légion doit passer la revue d'un Commissaire des guerres, les compagnies seront mises en haie, avant son arrivée.

TITRE 31.
Des jours d'Exercice.

L'ÉCOLE d'équitation des Dragons des Légions, & celle des Soldats pour le maniement des armes & la marche, sera divisée en plusieurs classes, les premières seront exercées trois fois par semaine, & la dernière le sera tous les jours.

Lorsque les premières classes seront arrivées au point de perfection nécessaire pour bien manœuvrer, elles ne seront plus sujettes alors qu'aux exercices généraux de la compagnie, du bataillon, de l'escadron ou de la Légion.

Lorsqu'enfin tous les Officiers, bas Officiers, Soldats & Dragons, seront assez instruits de tout ce qui concerne les exercices & manœuvres, & qu'ils seront parvenus au degré de perfection nécessaire pour entrer dans le bataillon ou l'escadron; alors chaque Légion sera exercée en totalité deux fois par semaine, pendant les mois de Juin, Juillet, Août & Septembre; & une fois par semaine, pendant les mois de Mai & d'Octobre; le reste de l'année on recommencera les exercices d'équitation & de détail dans les manéges couverts; les Soldats & Dragons des premières classes y seront exercés une fois par semaine, & ceux des dernières, deux fois.

Pendant l'hiver, les Dragons seront encore exercés à l'espadon, tant à pied que sur le cheval de bois, deux fois

par semaine, jusqu'à ce que le Commandant les jugera
assez instruits.

Les Commandans des Légions, se conformeront exactement à ce qui est réglé ci-dessus pour les Exercices, &
ne pourront, sous aucun prétexte, en exiger davantage, ni
tenir leur Légion sous les armes ou à cheval, plus de
deux heures & demie, y compris le moment du départ
& celui du retour.

Lorsque le temps ne permettra pas de manœuvrer, le
nombre de fois prescrit ci-dessus par semaine; on y
suppléera, en faisant travailler dans les manéges couverts,
les Dragons & les chevaux qui en auront le plus besoin;
observant de laisser un jour d'intervalle entre chaque jour
d'exercice général ou particulier.

Le Tambour qui sera le plus en état d'instruire les autres,
dans l'Infanterie comme dans les Dragons, sera chargé
par le Commandant de la Légion, de les exercer deux
fois par semaine pendant l'hiver; & pendant l'été ils ne
s'exerceront que les jours que la Légion prendra les armes
ou montera à cheval.

Lorsqu'une Légion sera divisée, les Tambours resteront
à leur bataillon ou escadron, pour les exercices de leur
compagnie, depuis le 1.er Mai jusqu'au 1.er Octobre, & se
rassembleront à l'État-major, si le Commandant le juge à
propos, pour s'exercer ensemble pendant le reste de l'année.

TITRE 32.

De la Promenade militaire.

CE genre d'exercice devant avoir pour objet d'apprendre
aux Légions de troupes-légères, à faire une marche d'armée
avec le plus d'ordre & le plus de célérité qu'il est possible,
& de les y accoutumer, le Soldat y portera ses armes &
son havresac, & les Dragons leur porte-manteau.

Toutes les fois qu'une Légion devra sortir de sa garnison ou de son quartier pour cette promenade, elle sera formée en bataille dans le lieu de son assemblée, ainsi qu'il est prescrit ci-devant pour les autres exercices.

Quand le Commandant voudra mettre la Légion en marche, il la fera rompre comme il jugera à propos, pour sortir de la garnison ou du quartier, les Soldats portant les armes, les rangs ouverts à deux pas de distance, les Dragons ayant le sabre à la main, marchant à rangs aisés, & tous dans le plus grand ordre, chaque Officier à son poste, & Tambours battans.

Quand la Légion sera sortie de la place, & qu'elle en sera éloignée de deux cents pas, le Commandant ordonnera de faire *halte*, de remettre la baïonnette & le sabre en leur lieu, de porter les armes, pour ensuite les porter au bras, & d'ouvrir les files à un pied de distance.

Les Officiers d'Infanterie sortiront de leur poste pour monter à cheval, & si les chemins ne sont pas assez larges pour qu'ils puissent marcher toujours sur les flancs de la colonne, on fera prendre dix pas de distance d'une compagnie à l'autre, sans que les rangs de chaque compagnie prennent plus de deux pas de distance entre eux, par quelque division que ladite compagnie ait été rompue.

Les Capitaines & les Sous-lieutenans se placeront ensuite à la tête de leur compagnie, & les Lieutenans en serre-file, ne formant qu'un même rang avec les Officiers qui seront à la tête de la compagnie suivante.

Le Colonel, le Colonel-commandant & le Major se mettront à la tête de la Légion, & le Lieutenant-colonel à la queue.

Les Officiers-majors attachés à chaque bataillon & escadron, n'auront aucune place fixe & marcheront tantôt à la tête, tantôt à la queue, ou sur les flancs.

Les

Les Tambours de chaque bataillon & escadron, marcheront à la tête de leur bataillon ou escadron, à l'exception de deux, qui marcheront à la queue de la Légion.

S'il y a des Valets à cheval, on les fera mettre sur un ou deux rangs, à la queue de chaque bataillon ou escadron; mais il sera défendu aux Officiers subalternes de chaque compagnie, de mener avec eux dans la marche, plus d'un Valet monté pour deux, & à tout Capitaine d'en mener plus d'un: il ne sera permis qu'aux Officiers supérieurs, de mener un ou tout au plus, deux chevaux de main.

Lorsqu'au contraire la nature des lieux permettra aux Officiers de marcher toujours à cheval sur les flancs de la colonne, ils s'y placeront à hauteur de leur compagnie, sans pouvoir s'en éloigner pendant toute la marche.

Alors les compagnies ne conserveront plus que quatre pas de distance entre elles, pour y recevoir les Sergens & les Fourriers qui se partageront moitié à la tête & moitié à la queue de leur compagnie, pour s'y placer sur un seul rang, comme il a été préscrit pour les Officiers à cheval.

Le Commandant ordonnera alors de marcher, & toutes les divisions se mettront en mouvement à la fois, marchant le *pas de route* en silence, sans confondre les rangs, & sans augmenter ni diminuer les distances.

Les Officiers subalternes seront responsables au Capitaine, des Soldats ou Dragons de leurs divisions, qui s'écarteront, & le Capitaine répondra de ceux de sa compagnie.

Si un Soldat ou un Dragon est forcé de quitter son rang pendant la marche, il en demandera la permission, & on laissera avec lui un bas Officier pour le ramener; si c'est un Soldat il donnera son fusil à son camarade avant de quitter son rang.

Si le Lieutenant-colonel s'aperçoit pendant la marche, que la tête de la colonne aille trop vîte pour que la queue puisse suivre, il fera rappeler par les deux Tambours restés à la queue de la Légion, & ce signal sera répété par les autres Tambours de la colonne, ainsi qu'il est preścrit au *Titre 25*, auquel on se conformera.

Si le Colonel juge à propos, pendant la marche, de faire doubler le front de la colonne, il sera avertir le Lieutenant-colonel & l'Officier-commandant de chaque bataillon & escadron, s'ils doivent ou ne doivent pas faire le même mouvement; mais il sera bon qu'il le leur fasse exécuter quelquefois, afin d'apprendre à la Légion à se former plus promptement en présence de l'ennemi.

Toutes les fois que la Légion passera un défilé dans la marche, les Officiers auront la plus grande attention à ce qu'il n'y ait aucune distance d'un rang à l'autre, pour que les Soldats & Dragons soient aussi serrés & puissent passer le défilé le plus vîte qu'il sera possible.

La première division de la colonne & toutes les autres se reformeront à mesure qu'elles auront passé le défilé.

Si le temps le permet, & que les Soldats ne soient pas trop fatigués, on pourra faire durer ces promenades pendant deux heures, mais jamais plus de trois.

Quand on aura été un certain temps sans faire faire cette promenade à une Légion, on observera la première fois de mener les Soldats sans armes ni havre-sac, la seconde fois avec les armes sans havre-sac, & la troisième fois on leur fera porter l'un & l'autre.

TITRE 33 & dernier.

Retour d'une Légion après les manœuvres.

LORSQU'APRÈS les manœuvres, le Commandant jugera à propos de faire rentrer la Légion dans son quartier, il avertira les Officiers de reprendre leur place de parade; cet avertissement sera suivi d'un roulement, après lequel les Officiers se placeront à la tête de leurs compagnie & division.

Le Commandant ramènera ensuite la Légion à son quartier d'assemblée dans le même ordre qu'il en sera parti, ou en marchant en colonne renversée s'il le juge à propos; les Tambours ne battront que lorsque la Légion sera prête d'arriver audit quartier d'assemblée, auquel signal les Soldats porteront les armes, & les Dragons mettront le sabre à la main.

Dès que la Légion sera arrivée & formée sur le terrein de son quartier d'assemblée, le Commandant fera remettre le sabre, & donnera ses ordres pour que chaque Capitaine remène sa compagnie à son quartier particulier, où il la formera le dos tourné au quartier ou aux écuries; après quoi il fera les commandemens prescrits pour mettre pied à terre; mais au lieu du quatrième commandement, *reprenez vos rangs*, il commandera *face en tête*. A ce commandement, les Dragons feront *demi-tour à droite*, en se portant à la tête de leurs chevaux; ce qui étant exécuté, il commandera *demi-tour à droite;* alors les quatre rangs feront *demi-tour à droite par cheval*, & les Dragons du dernier rang, devenu le premier, rentreront aux écuries; le second, le troisième & successivement le quatrième rang, en feront de même.

A l'égard de l'Infanterie, le Capitaine commandera à sa compagnie, *demi-tour à droite & haut les armes*, ce dernier mouvement s'exécutera, comme il est prescrit au premier temps du premier commandement du maniement des armes, il commandera ensuite *marche;* alors les Soldats partiront du pied gauche, & après avoir marché deux pas ensemble, ils s'en retourneront chacun chez eux, remettant la baïonnette en son lieu si elle n'y est pas déjà.

Si au lieu de faire les dispositions ci-dessus, le Commandant juge à propos de faire rentrer tout de suite les Soldats dans leurs chambres, & les chevaux aux écuries à mesure qu'ils arriveront dans le quartier, il donnera ses ordres en conséquence.

L'intention de Sa Majesté est que toutes ses Légions

de Troupes-légères se conforment avec la plus grande exactitude à tout ce qui est prescrit par la présente Instruction ; défendant aux Officiers généraux, aux Commandans des Corps, de souffrir qu'il y soit rien changé, augmenté ni retranché, en quelque manière & sous quelque prétexte que ce soit; & aux Majors & autres Officiers qui commanderont les exercices & manœuvres, de faire exécuter d'autres temps ni mouvemens que ceux qui y sont prescrits.

Fait à Versailles le premier mai mil sept cent soixante-neuf. *Signé* LOUIS. *Et plus bas,* LE Duc de Choiseul.

COMMANDEMENS

prescrits pour les différens Maniemens des armes.

DU MANIEMENT DU FUSIL POUR L'INFANTERIE.

temps.

1.er *B*AÏONNETTE *en son lieu.* . . . . 7.
2. *Portez vos armes.* . . . . 3.
3. *La platine sous le bras gauche.* . . . . 3.
4. *Portez vos armes.* . . . . 3.
5. *L'arme au bras.* . . . . 3 *pour* 1.
6. *Portez vos armes.* . . . . 3 *pour* 1.
7. *Présentez vos armes.* . . . . 2.
8. *Portez vos armes.* . . . . 2.
9. *Crosse à terre.* . . . . 2.
10. *Les armes à terre.* . . . . 4.
11. *Reprenez vos armes.* . . . . 4.
12. *Portez vos armes.* . . . . 2.
13. *Baïonnette du cânon.* . . . . 7.
14. *Portez vos armes.* . . . . 3.

DU MANIEMENT DES ARMES POUR L'INFANTERIE.

temps.

1.er *B*AÏONNETTE *en avant.* . . . . 2.
2. *Portez vos armes.* . . . . 2.
3. *Apprêtez vos armes.* . . . . 3 *pour* 1.
4. *En joue.* . . . . 1.
5. *Feu.* . . . . 1.
6. *Chien en son repos.* . . . . 1.
7. *La cartouche.* . . . . 3.
8. *Fermez le bassinet.* . . . . 1.
9. *Armes à gauche.* . . . . 2.
10. *Bourrez.* . . . . 6.
11. *Portez vos armes.* . . . . 2.

Hhh

DU MANIEMENT DES ARMES À CHEVAL POUR LES DRAGONS.

temps.

1.er *Haut les armes.* . . . . 2.

2. *Apprêtez vos armes.* . . . . 1.

3. *En joue.* . . . . 1.

4. *Feu.* . . . . 1.

5. *Chien en son revos.* . . . . 1.

6. *La cartouche.* . . . . 3.

7. *Fermez le bassinet.* . . . . 1.

8. *Armes à gauche.* . . . . 2.

9. *Bourrez.* . . . . 6.

10. *Haut les armes.* . . . . 1.

11. *L'arme en son lieu.* . . . . 1.

12. *Découvrez les pistolets.* . . . . 1.

13. *Pistolet à la main.* . . . . 1.

14. *Apprêtez le pistolet.* . . . . 2.

15. *En joue.* . . . . 1.

16. *Feu.* . . . . 2.

17. *Couvrez les pistolets.* . . . . 1.

18. *Dégagez le sabre.* . . . . 1.

19. *Sabre à la main.* . . . . 1.

20. *Haut le sabre.* . . . . 1.

21. *Portez le sabre.* . . . . 1.

22. *Remettez le sabre.* . . . . 2.

23. *Ajustez vos rênes.* . . . . 2.

DU MANIEMENT DU MOUSQUETON À PIED POUR LES DRAGONS.

temps.

1.er *LA platine sous le bras gauche.* . . . . . 2.

2. *Portez vos armes.* . . . . 2.

3. *L'arme au bras.* . . . . 3 *pour* 1.

4. *Portez vos armes.* . . . . 3 *pour* 1.

5. *Présentez vos armes.* . . . . 1.

6. *Portez vos armes.* . . . . 1.

7. *Crosse à terre.* . . . . 2.

8. *Portez vos armes.* . . . . 2.

DU MANIEMENT DES ARMES À PIED POUR LES DRAGONS.

temps.

1.er *APPRÊTEZ vos armes.* . . . . . . 2 *pour* 1.

2. *En joue.* . . . . 1.

3. *Feu.* . . . . 1.

4. *Chien en repos.* . . . . 1.

5. *La cartouche.* . . . . 3.

6. *Fermez le bassinet.* . . . . 1.

7. *Armes à gauche.* . . . . 2.

8. *Bourrez.* . . . . . . - . . . . 6.

9. *Portez vos armes.* . . . . 1.

INSTRUCTION

Que LE ROI a fait dresser, pour régler les principes d'Équitation nécessaires à observer par ses Légions de Troupes-légères.

IL y aura, pour chaque régiment, deux chevaux de bois, ou plus s'il en est besoin, pour donner les premiers principes aux commençans, & on ne les fera monter à cheval que lorsqu'ils seront bien confirmés dans ces premières leçons.

DE L'ÉQUIPEMENT DU CHEVAL.

Comment il faut seller un cheval.

IL faut relever les sangles & la croupière sur le siége, prendre la selle de la main gauche à l'arcade de l'arçon de devant, & de la main droite au trousse-quin ; on la pose doucement sur le corps du cheval sans le surprendre & après avoir passé la croupière, on élève la selle pour la porter en avant, & on sangle le cheval par degré, de manière que la sangle de derrière soit moins serrée que celle de devant.

Comment il faut que la selle soit placée.

IL faut, pour que la selle ne soit ni trop en avant, ni trop en arrière, que le devant du quartier tombe d'à-plomb sur le coude du cheval.

Attentions qu'il faut avoir pour que la selle ne blesse point le cheval.

IL faut qu'on puisse passer aisément trois doigts entre l'arcade de la selle & le garrot :

Que la croupière soit aisée & non tendue, ce qui inquiéteroit le cheval & pourroit le faire ruer; qu'il n'y ait point de crins entre le culeron & la queue du cheval :

Qu'il n'y ait aucun contre-sanglon ni porte-étriers, entre la selle & le corps du cheval:

Que le poitrail soit au-dessus du mouvement de l'épaule, & qu'il ne soit pas trop serré:

Que le cheval ne soit ni trop ni trop peu sanglé, & que les boucles des étrivières soient cachées par les quartiers de la selle.

Comment il faut brider un cheval.

Il faut prendre avec la main droite tous les crins du toupet, en plaçant le coude droit sur l'encolure du cheval; on élève ensuite la têtière que l'on tient de la main gauche, pour la saisir par le milieu du dessus de tête avec le pouce & le premier doigt de la main droite, sans abandonner le toupet, laissant pendre le mors au-dessous de la bouche du cheval : la main gauche ayant quitté la têtière, va guider le mors, en le soutenant sous l'angle du canon avec le pouce, plaçant en même temps les autres doigts par-derrière la branche droite, dans la bouche du cheval au-dessus des crochets pour la lui faire ouvrir; alors la main droite élevant la têtière, fait entrer le mors qui est guidé par le pouce gauche : la main gauche empoignant ensuite le toupet entre le dessus de tête & le frontal de la bride, donne la liberté à la main droite d'y passer les oreilles, commençant toujours par celle du hors-montoir, & dégageant bien tous les crins du toupet ; on passe auparavant le bridon au cheval, comme il vient d'être prescrit pour la bride.

On boucle ensuite la muserolle, puis la sous-gorge, & l'on met la gourmette en la prenant par le dernier maillon avec le pouce & le second doigt de la main droite, présentant le plus gros côté en dedans; on l'accroche en poussant avec le premier doigt le second maillon dans le crochet, que l'on contient de la main gauche par-derrière l'œil du mors avec les deux premiers doigts; on soutient pendant ce temps les rênes sur le bras gauche, ou on les paffe auparavant fur le cou du cheval, pour agir plus librement.

Dans une alerte, on mettra la gourmette avant la muſe-rolle & la ſous-gorge, pouvant ſe paſſer de ces deux dernières pièces pour conduire ſon cheval.

Attentions qu'il faut avoir pour que le mors ſoit bien placé & le cheval bien bridé.

Il faut que le mors porte au-deſſus des crochets ſans les toucher; plus il eſt bas, plus le cheval y eſt ſenſible; le point le plus convenable, eſt à un travers de doigt environ au-deſſus des crochets d'en haut, mais pas plus élevés, parce qu'il feroit froncer les lèvres:

Que la gourmette ſoit ſur ſon plat, & qu'elle ſoit placée entre la bride & le bridon, afin que ce dernier puiſſe agir ſans la faire remuer; il eſt eſſentiel que le crochet & l'S ſoient de la même longueur, afin que le milieu de la gourmette, qui eſt l'endroit le plus fort, porte ſur le milieu de la barbe du cheval, & que l'appui de la gourmette ne ſe faſſe pas ſentir plus d'un côté que de l'autre; il faut de plus que la muſerolle ſoit ſerrée ſans qu'elle gêne trop le cheval; que la ſous-gorge ſoit aiſée, & que le frontal du bridon ou du licol ſoit entièrement caché par celui de la bride.

Attentions qu'il faut avoir pour mettre un caveſſon à un cheval.

Il faut que le caveſſon ſoit placé aſſez haut pour ne point géner la reſpiration, & que la muſerolle paſſe ſous les montans du gros bridon (ou entre le montant de la bride & du bridon, ſi le cheval eſt bridé) & la fauſſe ſous-gorge par-deſſus les deux:

Que l'un & l'autre ſoient bien ſerrés pour que le caveſſon ne puiſſe pas tourner, ce qui feroit porter la jouelière de dehors ſur l'œil du cheval, la ſous-gorge doit être aiſée.

PREMIERS ÉLÉMENS D'ÉQUITATION,
ou LEÇON DU CHEVAL DE BOIS.

Comment on doit monter à cheval.

Il faut s'approcher de l'épaule du cheval, prendre le bout des rênes de la main droite, pour les élever & les saisir de la main gauche au point qu'elles ne fassent pas reculer le cheval, prenant en même temps une poignée de crins; on jette ensuite de la main droite le bout des rênes sur le cou du cheval, pour prendre l'étrier gauche, après quoi on met le pied gauche à l'étrier, du côté de la boucle de l'étrivière, ou du côté opposé pour les selles à la hussarde, & on porte la main droite sur le trousse-quin ou cuillère, pour s'élever sur le pied gauche, le genou d'à-plomb, en s'élançant de la pointe du pied droit, sans tirer la selle à soi : après être resté un temps le corps bien droit sur l'étrier, on passe la jambe droite bien tendue par-dessus la croupe sans la toucher, & dans le même moment la main droite se porte sur l'arçon de devant, le pouce en dehors & les autres doigts en dedans, pour soutenir le corps & arriver légèrement en selle.

Dans les premières leçons qu'on donnera aux Dragons sur le cheval de bois, on leur expliquera la posture qu'ils doivent garder à cheval, en se conformant à ce qui suit.

De la manière dont il faut être placé à cheval.

Il faut que les deux fesses portent également sur la selle :

Que l'assiette soit le plus près du pommeau qu'il est possible :

Que les reins soient droits & bien soutenus :

Que le haut du corps soit aisé, libre & droit sur les hanches, & qu'il contienne l'assiette par son propre poids & son équilibre :

Que les épaules soient libres, tombantes, ouvertes par-devant & plattes par-derrière :

Que les bras soient libres, les coudes tombans d'à-plomb sur les hanches sans être ouverts ni serrés :

Que

Que la main de la bride soit écartée d'environ trois ou quatre doigts du corps, & élevée au-dessus du pommeau de la selle d'environ deux ou trois doigts, relativement à l'espèce de selles :

Que le petit doigt soit entre les deux rênes ; les doigts fermés, & que le pouce soit aussi fermé pour les contenir égales :

Que le poignet soit bien soutenu & un peu plus élevé à la naissance du pouce que l'avant-bras ; que les doigts soient en face du corps, que le petit doigt soit plus près du ventre que le haut du poignet :

Que la main droite tombe naturellement sur le côté lorsqu'elle n'est point occupée ; mais lorsqu'elle tient un sabre ou une gaule, il faut qu'elle soit presque à même hauteur que la main gauche, & à même distance du corps, observant qu'il y ait assez d'intervalle entr'elles pour que l'une n'empêche pas l'effet de l'autre :

Que la tête soit droite & libre :

Que les cuisses, depuis les hanches jusqu'aux genoux, tombent d'à plomb le plus qu'il est possible, sur les selles à la françoise, & un peu moins sur les selles à la hussarde ; qu'elles soient tournées en dedans & bien collées sur la selle, sans roideur :

Que le pli des genoux soit liant, pour bien opérer des jambes :

Que les jambes soient libres & tombantes sous les genoux :

Que les pieds soient parallèles au corps du cheval, c'est-à-dire, tournés comme les genoux, sans estropier les chevilles des pieds :

Que les pointes des pieds, lorsqu'on est sans étriers, tombent naturellement.

Lorsqu'on se sert des étriers, il faut pour qu'ils soient au point convenable, qu'ils soutiennent le poids des pieds, de manière que le talon soit un peu plus bas que la pointe du pied ; obſervant de placer la racine du pouce ſur le milieu de la grille ; excepté, lorſqu'on manœuvre en eſcadron qu'il faut avoir les étriers chauſſés, c'eſt-à-dire, que la grille de l'étrier touche le talon de la botte : quant aux ſelles à la huſſarde, on tiendra les étriers un peu plus courts.

Après avoir établi la poſture du Dragon, on lui fera les commandemens ſuivans pour lui apprendre à mener ſon cheval ; & on aura attention qu'il ne déplace aucune partie de ſon corps pour agir de celles qui lui ſeront indiquées.

Leçon pour mener ſon cheval avec la bride.

Commandemens.

1. *Ajuſtez vos rênes.*

On les ſaiſira avec le pouce & le premier doigt de la main droite, au-deſſus de la main gauche, & on les élèvera perpendiculairement entre les deux yeux, coulant la main juſqu'au bouton, les deux derniers doigts ouverts, les ongles en avant & le coude plus bas d'un demi-pied que la main droite ; on ouvrira en même temps un peu les doigts de la main gauche, le pouce élevé pour laiſſer couler les rênes & les égaliſer, après quoi la main droite les abattant ſe remettra à ſa poſition.

Le Dragon ayant le corps & la main bien placés, on lui expliquera que dans tous les mouvemens de la main, ſoit qu'elle ſe porte en avant, qu'elle ſe hauſſe, qu'elle ſe baiſſe, qu'elle ſe porte *à droite* ou qu'elle ſe porte *à gauche*, qu'il faut que tout le bras ſuive ſon mouvement, & ſans jamais que l'épaule agiſſe, ce qui déplaceroit le corps & occaſionneroit de la roideur.

On obſervera de faire déranger quelquefois l'aſſiette au Dragon ſur le cheval de bois pour lui apprendre à la retrouver lorſqu'elle eſt dérangée par l'action de ſon cheval, en ſe conformant à ce qui eſt preſcrit par le commandement ſuivant.

2. *Jetez votre aſſiette à droite.*

On jettera ſon aſſiette *à droite* d'un coup de hanche ſeulement, ſans ſe pencher ni ſans déranger le haut du corps.

3. *Jetez votre assiette à gauche.*

Ce sera le contraire pour jeter l'assiette *à gauche*.

4. *Redressez votre assiette.*

On se remettra droit en selle d'un coup de hanche.

5. *Avancez le côté droit (ou gauche).*

On avancera le côté désigné, le corps tournant sur le pivot des reins.

6. *Prenez garde à vous.*

A cet avertissement, on approchera un peu les deux jambes, en assurant la main pour rassembler son cheval & le disposer à marcher.

7. *Marche.*

On fermera les deux jambes selon le besoin, ayant la main suffisamment légère pour donner la liberté au cheval d'avancer.

8. *Rassemblez votre cheval.*

On fermera les deux jambes en formant un *demi-arrêt* ; & dès que le cheval se soutiendra & sera d'à-plomb, on replacera la main & les jambes.

On aura attention que la main & les jambes soient bien d'accord ensemble, relativement à ce qu'on voudra demander à son cheval, c'est-à-dire, qu'il faut que les aides des jambes précèdent celles de la main lorsqu'on veut déterminer son cheval en avant, le rassembler & lui donner de l'action, & qu'au contraire il faut que l'aide de la main précède celles des jambes lorsqu'on veut diminuer l'action d'un cheval ou le déterminer *à droite* ou *à gauche*.

On aura aussi attention toutes les fois qu'on se servira des jambes, de les approcher du corps du cheval par degrés, c'est-à-dire doucement & sans à-coup, & de les relâcher de même sans que les genoux se dérangent ni quittent les quartiers de la selle ; il faut pour cela avoir le pli des genoux bien liant.

9. *La main légère.*

On baissera le poignet environ un ou deux pouces plus

ou moins, suivant le besoin, observant que l'avant - bras suive le mouvement du poignet pour qu'il soit toujours soutenu; on le replacera ensuite à sa position.

10. *Formez un demi-arrêt.*

On élevera la main par degrés & près du corps sans le toucher jusqu'à ce que le cheval suspende son allure; on se servira ensuite de l'aide des jambes pour mettre son cheval d'à-plomb s'il est nécessaire.

11. *Tournez votre cheval à droite.*

On portera la main à environ un demi – pied en avant de sa position, en la soutenant à droite & sentant les deux rênes égales : dès que l'épaule sera déterminée, on fermera la jambe droite, ayant la main légère.

12. *Tournez votre cheval à gauche.*

On soutiendra de même la main en avant & à gauche, le coude détaché du corps, & on fermera la jambe gauche.

13. *Appuyez à droite.*

On soutiendra la main en avant & à droite, portant en même temps le poids du corps à droite; les épaules du cheval étant déterminées, on fermera la jambe gauche pour faire suivre les hanches, les contenant de la jambe droite selon le besoin.

14. *Appuyez à gauche.*

On se conformera aux mêmes principes en exécutant les mouvemens contraires.

15. *Prenez le bridon de la main droite.*

On prendra par-dessus les rênes de la bride le bridon par le milieu, les ongles en dessous, pour tenir le cheval au même degré qu'on le tiendra de la bride, & on aura aussitôt la main gauche légère.

On pourra se servir de temps en temps de la bride & du bridon alternativement pour ralentir son cheval ou lui rafraichir les barres, mais jamais des deux à la fois.

16. *Lâchez le bridon.*

On assurera la main de la bride en rassemblant son cheval, & on abandonnera le bridon sur le cou du cheval.

17. Pincez

17. *Pincez des deux.*

Lorsqu'un cheval n'obéira pas aux jambes, on appuiera vigoureufement les deux talons derrière les fangles & fans à-coup, le corps & la main affurés, & un temps après on relâchera les jambes.

18. *Rendez la main.*

On prendra à un demi-pied de la main gauche les rênes à pleine main de la main droite, le pouce en deffus, on la portera au-deffus de la gauche, le poignet bien foutenu & près du corps, les ongles faifant face au corps; dans cette fituation on formera un *demi-arrêt* en élevant la main droite & ouvrant un peu les doigts de la main gauche, le pouce élevé, la jambe de dedans ou les deux jambes près; lorfque le cheval fe foutiendra, on baiffera la main droite jufqu'vers le pommeau de la felle plus ou moins, en relâchant les jambes, paffant la main droite entre le corps & la main gauche, qui reftera à portée de reprendre les rênes; on ramènera enfuite les rênes dans la main gauche en élevant la main droite près du corps, & dans l'inftant qu'on commencera à fentir la bouche du cheval, on approchera la jambe de dedans ou les deux jambes pour le raffembler, après quoi la main droite abandonnera les rênes.

19. *Raccourciffez (ou alongez vos rênes).*

On les prendra de la main droite, comme il vient d'être prefcrit pour rendre la main, & ouvrant les doigts de la main gauche, on les raccourcira ou on les alongera felon le befoin.

20. *Halte.*

On mettra un peu le haut du corps en arrière fans fortir de l'à-plomb, en foutenant les reins en avant, & on élèvera en même temps la main par degrés & près du corps fans le toucher, la jambe de dedans ou les deux jambes près.

Dès que le cheval fe fera arrêté, on relâchera les jambes & la main pour qu'il ne recule pas.

21. *En arrière, marche.*

Mêmes principes que pour arrêter, obfervant d'avoir la main légère toutes les fois que le cheval obéira à l'effet de la main.

Si le cheval laiſſoit tomber ſes hanches à droite, on fermeroit davantage la jambe droite, ſans porter la main trop de ce côté, parce qu'il faut, autant qu'il eſt poſſible, contenir les épaules ſur la ligne où l'on a commencé à reculer.

Pour arrêter un cheval en reculant, il faut fermer les deux jambes, la main légère, & dès que le cheval s'arrête, on relâche les jambes.

22. *Prenez la bride dans la main droite.*

On prendra la bride de la main droite, comme il eſt preſcrit pour rendre la main, & on aura le poignet bien ſoutenu près du corps & vis-à-vis la poitrine, les doigts également éloignés du corps, alors la main gauche tombera ſur le côté, ne devant tenir la bride que de l'une ou de l'autre main, & jamais des deux à la fois.

On mènera ſon cheval de la main droite dans les inſtructions particulières & lorſqu'on marchera à main gauche dans le manège, en ſuivant les mêmes principes qui ſont indiqués pour la main gauche; mais lorſqu'on ſera dans les rangs & pendant les manœuvres, on tiendra la bride de la main gauche.

Lorſqu'ayant la bride dans la main droite, on voudra ajuſter ſes rênes, on les prendra de la main gauche & on les ajuſtera comme il eſt preſcrit au premier commandement, & on les replacera enſuite dans la main droite.

Leçon pour mener ſon cheval en bridon d'écurie.

1. *Séparez vos rênes.*

On prendra une rêne dans chaque main, les ongles preſque en deſſous, le pouce alongé ſur chaque rêne, les poignets ſéparés l'un de l'autre d'environ un demi-pied, & à hauteur des coudes, qui doivent tomber naturellement ſur les hanches.

2. *Prenez garde à vous.*

A cet avertiſſement, on approchera un peu les deux jambes, en aſſurant les poignets pour raſſembler ſon cheval & le diſpoſer à marcher.

3. *Marche.*

ON fermera les jambes selon le besoin, en mollissant suffisamment les poignets pour donner la liberté au cheval d'avancer (ce qui s'appellera la *main légère*).

4. *Tournez votre cheval à droite.*

ON écartera la rêne droite en la tirant à côté de soi, les ongles en dessous, la main gauche suffisamment légère; l'épaule étant décidée, on fermera la jambe droite la main légère pour déterminer le cheval.

On pourra tourner son cheval des deux rênes dans les allures vives, en élevant les poignets & les soutenant un peu à droite.

5. *Tournez votre cheval à gauche.*

ON se conformera aux mêmes principes en exécutant les mouvemens contraires.

6. *Croisez vos rênes dans la main gauche.*

ON passera la rêne droite dans la main gauche pour la placer sous la rêne gauche, de façon que l'extrémité supérieure sorte du poignet gauche du côté du petit doigt, & on aura alors la main droite libre.

7. *Séparez vos rênes.*

COMME il est prescrit au premier commandement.

8. *Halte.*

ON mettra un peu le haut du corps en arrière sans sortir de l'à-plomb, en soutenant les reins en avant; on tirera les rênes à côté de soi en portant les coudes en arrière & élevant un peu les poignets, la jambe de dedans ou les deux jambes près.

Dès que le cheval se sera arrêté, on relâchera les jambes & la main pour qu'il ne recule pas.

Si le cheval n'obéissoit pas, on emploieroit les moyens suivans :

9. *Sciez du bridon.*

ON tirera alternativement chaque rêne du bridon plus ou moins fort, suivant la sensibilité du cheval.

10. *Pied à terre.*

ON prendra de la main droite par-deffous les rênes une poignée de crins que l'on faifira de la main gauche; on portera enfuite la main droite fur l'arçon de devant, le pouce en dehors, les autres doigts en dedans; après quoi on s'élèvera fur l'étrier gauche, paffant la jambe droite, bien tendue, par-deffus la croupe fans la toucher, & dans le même moment la main droite fe portera fur le trouffe-quin pour foutenir le corps qui reftera un temps d'à-plomb fur l'étrier gauche; on defcendra enfuite légèrement fans tirer la felle à foi, arrivant à terre fur la pointe du pied droit.

Il eft effentiel de mettre les Dragons bien au fait des termes dont on fe fert dans la leçon du cheval de bois, afin que leur attention ne foit pas trop partagée lorfqu'ils feront exercés fur leurs chevaux.

Lorfque les Dragons concevront & exécuteront bien les mouvemens prefcrits ci-deffus, & qu'ils feront fuffifamment inftruits de tout ce qui concerne la leçon du cheval de bois; alors on les fera monter à cheval pour les exercer dans les manèges.

DE LA MANIÈRE *dont il faut mener fon cheval en main, pour fe rendre fur le lieu deftiné à monter à cheval.*

LORSQU'IL aura été ordonné aux Dragons de fe rendre aux manèges à pied, ils mèneront leurs chevaux par le gros bridon ou par la bride, qu'ils tiendront de la main droite, les ongles en deffus, au-deffous & à fix pouces environ des branches du mors, foutenant le bout des rênes de la main gauche, les ongles tournés en deffous; & lorfqu'ils y feront arrivés, ils fe rangeront fur un ou plufieurs rangs : fi les chevaux font bridés, ils mettront la gourmette & fe placeront enfuite en avant, tournant le dos à leurs chevaux, ayant le bras gauche paffé entre les deux rênes & les tenant à pleine main de la main gauche, à un pied environ de l'extrémité, le poignet à hauteur du creux de l'eftomac.

On

On observera de faire mener les chevaux en main alternativement un jour de la main droite, & un autre jour de la main gauche.

Les Dragons s'étant rendus au manège, l'Officier chargé de donner leçon les fera monter à cheval, & distribuera alors son travail comme il le jugera à propos; il exercera ou fera exercer les commençans sans étriers pour qu'ils prennent bien le fond de la selle, & leurs chevaux seront en bridon d'écurie avec un petit bridon.

On se conformera dans les leçons qu'on donnera aux Dragons, aux mêmes principes qui sont établis ci-devant, sans y rien changer.

Lorsqu'on commencera à faire monter les Dragons à cheval, on les fera marcher au pas, à la longe d'abord carrément, tenant la longe fort courte pour les conduire & les faire tourner à chaque coin; on leur fera ensuite achever la reprise, en les faisant marcher circulairement au pas & au trot, les arrêtant souvent & les faisant reculer quelquefois pour qu'ils acquièrent en peu de temps l'intelligence de conduire leurs chevaux.

On aura attention que les Dragons s'accoutument à se servir de leurs mains & de leurs jambes, sans que le corps se dérange de son assiette; si, par exemple, en portant la main à gauche on y portoit aussi le corps, ce seroit un faux mouvement, puisqu'il feroit perdre l'à-plomb : si, pour tourner un cheval à gauche, tenant la bride dans la main gauche on reculoit l'épaule gauche, ce seroit employer de la roideur, puisqu'il faut que le bras agisse librement; si enfin en fermant une ou les deux jambes, les genoux remontoient ou se tournoient en dehors, ce seroit un faux mouvement, puisque les jambes doivent se fermer sans déplacer les genoux: il en est de même de tous les mouvemens des différentes parties du corps, il ne doit y avoir absolument que les parties nécessaires qui agissent pour conserver l'à-plomb, acquérir de l'aisance & parvenir à avoir de la grâce à cheval.

A mesure que les Dragons se fortifieront & travailleront avec plus d'intelligence, on les fera marcher en cercle, la demi-épaule ou l'épaule en dedans aux deux mains, & on leur apprendra à conduire leurs chevaux avec la bride.

POUR marcher en cercle, la demi-épaule ou l'épaule en dedans.

LE cheval marchant sur une ligne circulaire, il faut porter l'épaule en dedans, plus ou moins, & fermer la jambe de dedans; dès que le cheval y répondra, on aura aussitôt la main légère pour lui donner la facilité de cheminer; un ou deux pas après, on assurera la main en fermant la jambe de dedans: à mesure que le cheval prendra l'intelligence de ce qu'on lui demandera, on le pressera davantage & il ira de côté, l'épaule décrivant le cercle intérieur & les hanches celui de la circonférence, ayant toujours attention de diriger les épaules sur le cercle qu'elles devront parcourir, de les y entretenir & de les y reporter si elles s'en écartoient.

Pour arrêter son cheval dans ce mouvement, il faut de même soutenir un peu les reins en avant, & élever la main jusqu'au point où le cheval s'arrête, relâcher la jambe de dedans & avoir ensuite la main légère.

Après que les Dragons auront été exercés à la longe le temps nécessaire, & qu'on les jugera en état de marcher en liberté, on en fera marcher un certain nombre à la fois.

On observera quelquefois, en les faisant sortir du rang, de ne pas faire défiler ceux qui seront de suite, pour accoutumer les chevaux à sortir seuls du rang.

Jusqu'à ce que les Dragons soient bien confirmés dans leur posture, on ne leur fera exécuter d'autres manœuvres que de doubler, changer de main & contre-changer de main sur une piste; on leur fera faire de plus des *à droite,* des *à gauche*, des *demi-tours à droite* & des *demi-tours à gauche*, & finir ensuite leurs chevaux au pas, marchant en cercle la demi-épaule ou l'épaule en dedans.

Lorsqu'on jugera qu'ils seront en état d'exécuter des manœuvres plus composées, on les fera changer de main & contre-changer de main sur deux pistes, appuyer de droite & de gauche par des pas de côté, soit de pied-ferme ou en marchant, & marcher au galop en doublant & changeant de main.

CHANGEMENT *de main sur deux pistes.*

SI c'est de droite à gauche, après avoir passé l'un des coins du manège & s'être reporté en avant d'environ deux longueurs de cheval, on portera l'épaule à droite en y portant le poids du corps; on fermera ensuite la jambe gauche pour chasser les hanches, les contenant de la jambe de dedans qui doit déterminer le cheval plus ou moins en avant; arrivé sur la ligne opposée à celle d'où l'on sera parti, on formera un *demi-arrêt* en fermant les deux jambes & relâchant ensuite la jambe de dehors, on aura la main légère pour donner la liberté au cheval de se porter en avant.

PAS *de côté sur une ligne à droite.*

MÊMES principes que ci-dessus, observant que la jambe de dedans contienne les hanches & empêche le cheval de reculer, & que la main dirige les épaules sur une ligne droite sans avancer ni reculer.

Pour arrêter son cheval dans ce mouvement, il faut soutenir un peu les reins en avant en élevant suffisamment la main, & relâcher les jambes, commençant par celle de dehors, & ensuite avoir la main légère.

Il ne faut commencer à donner la leçon des pas de côté, que lorsque le cheval obéit bien à la leçon de l'épaule en dedans, & on ne doit donner cette dernière, que quand le cheval obéit bien aux jambes & aux éperons, en avant & par le droit.

D u G a l o p.

Lorsqu'on fera marcher les Dragons au galop, on les fera partir du *pas au trot* & du *trot au galop*, & on aura attention qu'ils ralentiffent leurs chevaux en les raffemblant pour paffer les coins.

Dans les changemens de main qui fe feront au galop, on obfervera dans les commencemens de ralentir fon cheval au trot en arrivant au mur oppofé, pour le faire reprendre fur le pied de dedans; lorfqu'enfuite le cheval aura acquis de la foupleffe, on le fera reprendre d'un feul temps en formant un demi-arrêt les deux jambes près & la main légère enfuite.

On aura auffi attention, dans les commencemens, d'arrêter fon cheval du *galop au trot* & du *trot au pas*, pour enfuite faire *halte*.

Il eft effentiel fur-tout de s'attacher à ce que les Dragons mettent leurs chevaux bien droits en marchant, c'eft-à-dire, que les hanches foient vis-à-vis des épaules & fur la même ligne; c'eft l'attitude où ils ont le plus de force, où ils fe raffemblent le mieux, & où ils font le plus légers à la main.

On ne peut parvenir à mettre fes chevaux bien droits que lorfqu'on a acquis une grande jufteffe à cheval, c'eft pourquoi dans les leçons qu'on donnera aux Dragons, il faudra avoir grande attention à leur faire redreffer leur affiette pour peu qu'elle ne foit pas jufte.

On divifera, après quelque temps de travail, les Dragons en plufieurs claffes, afin d'exercer ces différentes claffes relativement aux progrès des Dragons qui les compoferont.

On exercera quelquefois les Dragons de la première claffe, armés en guerre; & on leur fera faire de temps en temps une reprife entière, ayant le fabre à la main.

A mefure qu'ils fe fortifieront & qu'on les jugera en état de manœuvrer par divifion de douze, de feize ou de vingt-quatre hommes, selon la grandeur du terrein, on les fera marcher tous ensemble par deux, par quatre, leur faisant exécuter des *à droite*, des *à gauche*, des *demi-tours à droite* & *demi-tours à gauche* par quatre, se former sur deux rangs, exécuter des mouvemens de conversion par troupe, marcher en avant bien alignés, aller à la charge *le sabre haut*, faire des *demi-tours à droite* par homme, &c.

On fera tirer souvent des coups de pistolets dans les manèges, d'abord en détail & puis par rang ou par troupe, pour accoutumer les chevaux au feu, se conformant d'ailleurs à ce qui est prescrit ci-devant à la seizième manœuvre.

Tout Dragon de la première classe qui, par négligence, mauvaise volonté ou inconstance, se trouvera en défaut sur quelque partie de l'exercice de cette classe, ou qui n'y fera aucun progrès, sera remis à la seconde classe ou à la longe, jusqu'à ce que par son travail il mérite de rentrer dans la première; on en usera de même à l'égard de la seconde classe.

DE l'exercice du sabre.

COMME il est de toute nécessité que les Dragons sachent se servir de leurs armes avec adresse, & principalement du sabre, qui est l'arme avec laquelle ils doivent combattre à cheval, il est indispensable de leur apprendre à s'en servir avec avantage.

Pour cet effet, il sera établi un Maître-d'armes & un Prévôt par escadron, qui seront choisis dans le nombre des Dragons les plus propres & les plus intelligens pour cet exercice, lesquels, après s'être mis en état de donner leçon, exerceront les Dragons à l'espadon, d'abord à pied, & ensuite sur le cheval de bois.

DE la course des têtes.

POUR contribuer encore avec plus de succès, à perfectionner les Dragons dans les différens exercices, à conduire leurs chevaux, à se servir de leurs armes, à acquérir de l'expérience, & devenir déterminés & entreprenans, on exercera ceux de la première classe à la course des têtes de la manière suivante.

Les Dragons destinés à la course des têtes, s'étant rendus dans le manège ou autre lieu destiné à cet exercice, seront partagés en deux divisions qui seront formées chacune sur deux rangs & placées l'une à un bout du manège & l'autre à l'autre bout, se faisant face; on observera de laisser la place nécessaire derrière elles pour qu'un cheval puisse y passer aisément.

On placera sur des chandeliers de bois, d'environ cinq pieds & demi de haut, des têtes de toile rembourrées de foin & disposées le long des grands côtés du manège, au nombre de quatre de chaque côté, & à deux pas du mur.

Lorsqu'on voudra commencer la course des têtes, le Dragon de la gauche du premier rang de chaque division se placera dans le coin du manège à sa gauche, mettra le pistolet à la main, & l'apprêtera pour le tenir ensuite le bout élevé, la main à hauteur de l'épaule; au commandement *marche*, ils se porteront en avant pour doubler chacun de leur côté entre la première & la seconde tête & revenir sur leurs pas.

Lorsqu'ils arriveront ensuite chacun à la hauteur de la seconde tête (qui sera seule écartée du mur, de quatre grands pas) ils déploieront doucement le bras & tireront leur coup de pistolet sur cet objet, ils remettront tout de suite le pistolet dans la fonte & mettront vivement le sabre à la main, continuant de marcher.

Lorsqu'ils arriveront chacun vers le milieu du bout du manège, ils doubleront par le milieu, faisant alors *haut le sabre*, pour marcher l'un vers l'autre & se charger en croisant le *sabre* & faisant un *quart de tour*, après lequel ils se porteront, chacun de leur côté, pour rejoindre le mur, portant le sabre à l'épaule, & continueront de marcher le long du manège.

Lorsqu'ils auront paffé le fecond coin, ils feront *haut le fabre*, pour fabrer de haut en bas la première tête qu'ils rencontreront; après quoi ils placeront le fabre vis-à-vis l'épaule, le tenant perpendiculaire, le poignet à hauteur & à fix pouces de diftance de l'épaule, ils donneront le coup de revers en arrivant à la troifième tête, pour la fabrer horizontalement en déployant le bras de toute fa longueur; après quoi ils achèveront de déployer encore le bras en arrière pour enfuite l'élever doucement avec aifance & amener la pointe du fabre en avant, le bras alongé, le poignet tourné en tierce & à hauteur de l'épaule; dans cette fituation, ils dirigeront la pointe du fabre fur la dernière tête, & à mefure qu'ils s'en approcheront, ils ramèneront le coude en arrière, en ployant le bras & en tournant peu à peu le poignet en quarte & de manière que le bras & l'avant-bras forment une équerre, le coude à hauteur de l'épaule, ainfi que le poignet.

Arrivant fur la tête, ils la pointeront fans à-coup & l'enlèveront en alongeant le bras haut de toute fa longueur, la pointe de la lame & le poignet perpendiculaires à l'épaule droite, ils continueront de marcher ainfi jufqu'à ce qu'ils foient arrivés au coin de la divifion oppofée à celle dont ils feront partis, où ils feront *halte*, porteront le fabre à l'épaule & fe rangeront à la droite du premier rang; après quoi ils rendront la tête qu'ils auront pointée & remettront le fabre dans le fourreau.

Si on vouloit les faire retourner à leur divifion, on les feroit doubler; mais il eft mieux de les laiffer parcourir la ligne droite pour alonger les chevaux.

Dès que ces Dragons feront prêts de finir leurs courfes, ceux de la gauche du fecond rang de chaque divifion fe placeront de même dans le coin, pour être prêts à partir au commandement, *marche*, & alternativement ceux du premier & du fecond rang.

On exercera d'abord les Dragons fur un cheval de bois,

à tous les mouvemens & positions du pistolet & du sabre qui viennent d'être prescrits pour la course des têtes : on les fera se servir aussi du mousqueton pour les exercer également à l'une & à l'autre arme : on les exercera ensuite sur leurs chevaux, d'abord *au pas* & *au trot*, jusqu'à ce qu'ils soient bien confirmés dans toutes ces différentes positions, & alors ils exécuteront cette course *au galop.*

On aura attention à ce que les Dragons ne mettent aucune espèce de balles dans leurs pistolets ou mousqueton, la bourre seule suffisant pour abattre la tête à sept ou huit pieds de distance & même plus.

On fera faire à chaque Dragon quatre ou cinq courses au moins, & même plus, si on le juge à propos.

MOYENS de dresser les chevaux.

LA douceur & la patience sont absolument nécessaires pour dresser les chevaux ; on ne doit exiger d'eux que ce que leurs forces leur permettent de faire, & on ne doit employer les châtimens que pour dernière ressource.

C'est à l'écurie qu'on accoutume les chevaux à les seller & à les brider, en les y amenant insensiblement.

Un jeune cheval doit être débourré autour d'une longe avant d'être monté ; il en devient plus libre, & par conséquent moins dans le cas de faire des sottises.

Il faut l'arrêter souvent en le faisant venir à soi, & le caresser.

Lorsqu'un cheval saute & veut galoper, étant à la longe, il faut la secouer horizontalement & légèrement, ou lui donner de petites saccades de caveçon pour le remettre *au trot* ou *au pas.*

Après qu'on l'aura arrêté & fait venir à soi, on le fera reculer quelques pas, en lui donnant quelques légères saccades de caveçon & quelques petits coups de gaule sur les

jambes

jambes de devant; dès qu'il aura obéi quelques pas, on le
caresſera; il importe peu dans les commencemens qu'il recule droit ou non, pourvu qu'il comprenne ce qu'on lui
demande; s'il n'obéiſſoit point au caveſſon, on prendroit,
ſans le monter, les rênes du bridon, que l'on éleveroit
pour le faire reculer, en continuant de ſe ſervir du caveſſon
& même de la gaule.

Il ſera bon de ſeller les jeunes chevaux pour les accoutumer à la ſelle, & pour les monter & les deſcendre pluſieurs fois de ſuite.

Si le cheval eſt en âge d'être monté, & qu'il ait quatre
ans faits, on le fera monter par un Dragon de la première
claſſe & à la longe, pour faire faire au cheval, étant monté,
ce qu'il faiſoit ne l'étant pas; & on lui fera connoître les
aides inſenſiblement.

Quand le Dragon fera bien obéir ſon cheval à la longe,
il lui fera faire les mêmes choſes en liberté; mais ſi le
cheval avoit de la diſpoſition à ſe défendre & n'obéiſſoit
point aux aides du Dragon ni à la chambrière de celui qui
lui donneroit leçon, il faudroit remettre le cheval à la
longe, & en uſer ainſi juſqu'à ce qu'il obéiſſe parfaitement
en liberté.

ATTENTIONS qu'il faut avoir pour les chevaux qui ſe défendent.

LORSQU'UN cheval donne des coups de tête en avant,
ce qui s'appelle *battre à la main*, il faut tenir la main
aſſurée dans ce moment & les jambes près.

Lorſqu'un cheval fait *une pointe*, c'eſt-à-dire lorſqu'il
s'élève du devant, il faut avoir la main légère; car ſi on ſe
tenoit à la bride, on courroit riſque de faire renverſer le
cheval ſur ſoi.

Lorſqu'en fermant une jambe, le cheval ſe défend en
donnant un coup de pied au talon (ce qui s'appelle *ruer*

à la botte), il faut le pincer vigoureusement pour le châtier.

Lorsqu'un cheval rue, il faut mettre le haut du corps en arrière & soutenir la main en avant & ferme en approchant les jambes, & le pincer des deux s'il continue.

Lorsqu'un cheval hésite de se porter en avant, il faut le chasser des jambes, en le décidant de la main en avant; & s'il s'y refusoit, il faudroit le pincer vigoureusement : la plupart des chevaux qui se défendent, ne le font que parce qu'on se tient à la main, c'est pourquoi il faut leur donner beaucoup de liberté.

Il y a des chevaux qui se défendent par foiblesse; il ne faut exiger de ceux-là que ce que leurs forces leur permettent de faire.

Les chevaux qui se défendent par la peur que leur cause quelque objet, ne sont point dans le cas du châtiment; il ne faut point prétendre de les aguerrir en les brusquant, mais en leur donnant de la confiance; & pour y parvenir, il faut continuer de les porter en avant sans vouloir les approcher trop de l'objet qu'ils craignent.

Il faut qu'un jeune cheval soit bien souple *au trot alongé* avant de le mettre *au galop*.

Lorsqu'on commencera à mettre un jeune cheval au galop, on lui fera faire quelques tours, & on l'arrêtera ensuite du *galop au trot* & du *trot au pas*.

Pour préparer un cheval au pas de côté, il faut auparavant le mettre sur les cercles, la demi-épaule en dedans, & ensuite l'épaule en dedans pendant quelques jours; comme le cheval est obligé dans cette leçon de passer la jambe de dedans par - devant celle de dehors, ce mouvement lui donne de la liberté, l'assouplit & l'oblige à se soutenir, ce qui lui forme la bouche & la lui rend légère; lorsque le cheval commencera à s'assouplir, on lui fera faire quelques pas de côté fort doucement; si le cheval s'y refusoit, on le remettroit sur les cercles l'épaule en dedans jusqu'à ce qu'il devienne docile.

Lorsqu'on arrête un cheval, il faut y aller fort doucement dans les commencemens, de même que pour le reculer, afin de ne point lui fatiguer les jarrets ni les reins.

Il y a des chevaux qui ont l'arrêt sourd, & qui n'obéissent pas aux premiers effets de la main, ceux-là exigent plus de précaution & de patience.

Lorsqu'après avoir reculé un cheval, on voudra le porter tout de suite en avant, il ne faudra point trop le précipiter, mais le rassembler doucement pour lui donner la facilité de s'y porter: Toutes les fois qu'un cheval obéit à ce qu'on lui demande, il faut avoir la main légère, ou lui rendre la main, c'est la seule récompense qu'on puisse lui donner, comme aussi de le descendre quelquefois quand il a bien fait les choses qui lui coûtent le plus.

L'intention de Sa Majesté est que la présente Instruction soit exactement suivie, & Elle défend aux Commandans des corps & aux Officiers chargés de la partie de l'équitation, d'y faire aucun changement.

FAIT à Versailles le premier mai mil sept cent soixante-neuf. *Signé* LOUIS. *Et plus bas,* LE DUC DE CHOISEUL.